Sweden

1

Kleine Portionsgratins

2

Gratins unter der Teighaube

Klappe vorn:
Was Gratins von Aufläufen unterscheidet
- In bester Form
- Wie ein Gratin schön knusper-krustig wird
- Menü-IDEEN von der Suppe bis zum süßen Ende
- Die große Tafel
- Der schön gedeckte Tisch

Seite 78/79:
Das Register zum schnellen Planen und Finden

Klappe hinten:
IDEEN im Team
- Besondere Geräte
- Töpfe groß & klein
- Das wichtige Rezept
- Kniffe zum Garnieren
- Käse zum Überbacken
- Ab in den Backofen
- Spickzettel

5

Gratins mit Fleisch

3

Gratins mit Gemüse, Nudeln, Reis und Kartoffeln

4

Gratins mit Fisch und Meeresfrüchten

6

Gratins mit Geflügel und Wildgeflügel

7

Süße Aufläufe

1

Kleine Portionsgratins

Wirsingköpfchen mit Butterpilzen

Hauptgericht mit Putenleber.

Gerade die Verbindung des zartesten Teils des eher deftigen Wirsings mit Pilzen und Putenleber macht diese kleinen Gratins so reizvoll und neu.

Auf einen Blick

4 Portionen

Besonderes Gerät: große Pfanne; eventuell: Schnellkochtopf; Bräter oder flache Auflaufform.

Dauert insgesamt: 1 Std.
Dabei zu tun: 45 Min.
Herd / Ofen: 30 / 15 Min.

Dazu servieren: Kartoffelpüree oder kleine Petersilienkartoffeln.

Weintip: trockener Weißwein (Riesling; Elbling von der Mosel; Sylvaner aus dem Elsaß).

Pro Portion: 1700 kJ / 400 kcal

Einkaufen

Fleisch:
250 g Putenlebern oder: Hühnerlebern, Kalbsleber

Gemüse:
4 kleine Wirsingköpfe
1 Frühlingszwiebel
2 Tomaten
1 Zweig Thymian

Sonstiges:
30 g getrocknete Butterpilze
$\frac{1}{4}$ l Weißwein
2 EL Butter
2 EL Crème fraîche
50 g geriebener Käse (alter Gouda, Chester)
Salz, Pfeffer

Zubereiten

1

1 Getrocknete Butterpilze (30 g) in $\frac{1}{4}$ l Weißwein etwa 20 Min. einweichen.

2

2 Die 4 Wirsingköpfe so weit entblättern, bis etwa 13 cm große Köpfchen übrig sind. Oben einen Deckel abschneiden.

3

3 Köpfe aushöhlen (Schnipsel nicht wegwerfen, sie werden noch gebraucht), salzen und pfeffern. Ohne die Deckel im breiten Topf mit $\frac{1}{2}$ l Wasser zugedeckt 15–20 Min. kochen (im Schnellkochtopf: 8–10 Min. genügen). Herausheben und zum Abtropfen mit der Höhlung nach unten stellen.

4

4 Von 2 Tomaten den grünen Strunk herausschneiden. Überbrühen (5 Sekunden in kochendem Wasser), häuten, entkernen und würfeln. Putenleber in 3 cm große Stücke, Frühlingszwiebel in Scheiben schneiden. Eingeweichte Pilze vierteln. Einweichbrühe aufbewahren.

► Backofen auf 200° anheizen.

Große Pfanne: 2 EL Butter erhitzen, Putenleber 2-3 Min. darin anbraten, herausnehmen. Frühlingszwiebel und Pilze im Restfett braten. Tomaten und 2 EL Crème fraîche dazugeben. Mit Thymianblättchen, Salz und Pfeffer würzen. 5 Min. köcheln. Leberstücke wieder dazugeben, nur umschwenken. In die Kohlköpfchen füllen.

5

5 Bräter: Pilz-Einweichbrühe (vorsichtig abgießen) und Wirsingschnipsel einfüllen. Kohlköpfchen hineinsetzen und die Kohldeckel auflegen. Mit 50 g geriebenem Käse bestreuen.

► Im Ofen 15 Min. (Umluft: 175°, 15–20 Min.) überbacken, bis der Käse schön zerlaufen ist.

Anrichten

Wirsingköpfchen auf vier Teller verteilen. Eventuell blanchierte Streifen von grünem Wirsingblatt zu Röschen drehen, danebensetzen. Den Schmorsud dazugießen.

Ideen

- Am besten ist der zarte Sommerwirsing geeignet, den es etwa ab August gibt. Die abgelösten äußeren Blätter kann man gut für ein herzhaftes Wirsinggemüse verwenden (zum Beispiel mit Speckstreifen und etwas Crème fraîche). Oder für Wirsingrouladen. Ich bereite daraus gern einen Wirsingsalat zu: Die grünen Blätter in schmale Streifen schneiden, kurz blanchieren, abtropfen und mit Sherryessig, Walnuß- oder Haselnußöl und wenig zerdrücktem Kümmel anmachen. Blättrig geschnittene Champignons oder geröstete Weißbrotwürfel drüberstreuen.
- Wenn Sie keine Putenlebern bekommen, können Sie natürlich auch Hähnchenlebern oder Kalbsleber verwenden. Auf jeden Fall gründlich putzen, also von Röhren und Sehnen befreien (geht am besten mit einem kleinen, scharfen Messer).
- Wenn Sie den etwas herben Geschmack von Leber nicht so gern mögen, legen Sie sie über Nacht in Milch oder Buttermilch ein (in den Kühlschrank stellen, damit sie nicht verdirbt). Auf diese Weise vorbereitet können Sie auch Schweineleber für dieses Gericht verwenden.
- Statt der Frühlingszwiebel paßt auch gut junger Lauch dazu. Auf helle, knackfrische Stangen zurückgreifen, beim Anbraten leicht karamelisieren lassen.
- In Portionsformen gratinieren und darin servieren. Oder ganz anders: Wirsingblätter in Streifen schneiden, kurz blanchieren und damit kleine Portionsformen (gefettet) auskleiden. Die Füllung dahinein setzen, mit Käse bestreut im Ofen überbacken.
- Das Rezept auch mal mit kleinen Weißkohlköpfchen probieren (länger vorkochen: 30–40 Min.). Oder mit sehr festen Herzen von Freiland-Kopfsalat (höchstens 10 Min. kochen).
- Sehr edel: Anstelle der Butterpilze frische Steinpilze oder Pfifferlinge nehmen. Dann würde ich 50 g feingewürfelten Südtiroler Schinkenspeck mit anbraten, um das Pilzaroma zu betonen.
- Der Schmorsud darf natürlich noch verfeinert werden: Zum Beispiel mit einem kleinen Schuß Madeira, einem Löffel Crème fraîche oder dunklem Fleischextrakt (Feinkostgeschäft). Dazu ein Hauch Cayennepfeffer.
- Gewürze, die Akzente setzen: frischer Majoran oder eine Prise getrockneter Oregano; 1/4 TL Korianderkörner, im Mörser fein zerstoßen; Kapuzinerkresse-Blätter (aus dem Garten, sind sehr gut zum Würzen geeignet) – und dann mit den Blüten das fertige Gericht dekorieren.

Artischocken mit Fondue

1

2

3

Artischocken mit Gemüse-Fondue

Warme Vorspeise oder kleines Hauptgericht.

Die ausgehöhlten Artischocken werden mit Käsecreme gefüllt und überbacken. Beim Essen stippt man mit den abgezupften Blättern die Käsemasse auf.

Auf einen Blick

4 Portionen

Besonderes Gerät: Küchenschere; flache Auflaufform oder feuerfeste Teller.

Dauert insgesamt: 1 Std.
Dabei zu tun: 40 Min.
Herd / Ofen: 35 / 15 Min.

Dazu servieren: in Streifen geschnittenes, geröstetes Toastbrot zum Dippen.

Weintip: trockener Weißwein (Riesling; Fendant) oder kühles Pils.

Pro Portion: 760 kJ / 180 kcal

Einkaufen

Gemüse:
4 große Artischocken
1 unbehandelte Zitrone
1 große Möhre
1 Stange Bleichsellerie
1 kleiner Zucchini

Sonstiges:
1 EL Butter
1/16 l Weißwein
1 TL Kirschwasser
100 g Greyerzer
Salz, Pfeffer, Muskat

Zubereiten

Die Zitrone halbieren. Von allen 4 Artischocken die Stiele abbrechen (dabei gleich die zähen Fasern mit herausziehen). Bruchstellen gerade schneiden, mit halber Zitrone abreiben (damit sie nicht braun anlaufen).

1 Die Blätter mit einer Schere ganz stark kürzen (bis in den fleischigen Teil hinein).

Zitronenhälften entsaften.

Großer Topf: Artischocken in 2 l Salzwasser mit Zitronensaft zugedeckt 35 Min. kochen.

Füllung: 1 Möhre, 1 Stange Bleichsellerie und 1 Zucchini so fein wie möglich würfeln.

Kleiner Topf: Gemüsewürfel in 1 EL Butter hellblond andünsten. 100 g Greyerzer reiben.

Zum Gemüse 1/16 l Wein, 1 TL Kirschwasser und Greyerzer rühren und zu dicker Sauce schmelzen lassen. Sanft salzen, pfeffern und mit frisch geriebenem Muskat würzen. Auf der abgeschalteten Platte warm halten.

▶ Backofen auf 200° anheizen.

2 Artischocken abtropfen lassen, das »Heu« (die stacheligen Borsten im Inneren der Knospe) mit einem Teelöffel entfernen.

3 Die Artischocken mit dem Gemüse-Fondue füllen, in eine Form oder auf Teller setzen.

▶ Im Backofen (mittlere Schiene) 15 Min. (Umluft: 180°, 15 Min.) goldbraun überbacken.

Anrichten

Auf Teller verteilen (oder auf den Tellern lassen), mit Toaststreifen nach Belieben umlegen.

Ideen

- Die Gemüse nehmen, die der Markt gerade anbietet. Zum Beispiel ein Stück Sellerieknolle statt Bleichsellerie; Gärtnergurke, entkernt und mit der Schale fein gewürfelt; Broccoli, die Stiele geschält, die Röschen ganz klein zerpflückt. Oder, ganz pikant, einen kleinen Rettich schälen und würfeln (verliert beim Garen seine Schärfe, wird milder).
- Statt Kirschwasser, wie für Fondue üblich, Himbeergeist oder einen alten Grappa (italienischen Tresterschnaps) nehmen. Verwenden Sie ihn nur sparsam, sonst schmeckt die Käsecreme zu schnapsig.
- Wenn Gemüse vom Einkauf übrig ist: in Streifen (Julienne) schneiden, 3–5 Min. blanchieren und neben den Artischocken mit in die Form geben. 1/4 l Weißwein seitlich zugießen und mit überbacken.
- Zum Gemüse-Fondue eignet sich jeder gut schmelzende Käse wie Bergkäse, Raclettekäse, eventuell auch mit Schweizer Emmentaler oder (mildem) Chester gemischt. Oder italienischer Provolone (der mit der Schnur).

Calvados-Äpfel mit Krabben

Warme Vorspeise, lustiger Zwischengang oder kleines Hauptgericht.

Eine pikante Abwandlung der klassischen Bratäpfel, aber keineswegs nur für den Winter geeignet.

Auf einen Blick

4 Portionen

Besonderes Gerät: Apfelausstecher; Kartoffelbohrer (Kugelausstecher; oder scharfkantiger Teelöffel); Handrührer mit Quirlen (Schneebesen); Alufolie.

Dauert insgesamt: 1 Std.
Dabei zu tun: 30 Min.
Herd / Ofen: 10 / 25 Min.

Dazu servieren: Blätterteig- oder Käsestangen.

Weintip: trockener bis halbtrockener Weißwein; Sekt.

Pro Portion: 1090 kJ / 260 kcal

Einkaufen

Fisch:
100 g geschälte Nordseekrabben

Gemüse & Obst:
4 große Äpfel
1 Zitrone (Saft)
2 Stangen Bleichsellerie
1 Bund Schnittlauch

Sonstiges:
1 EL Butter
1 EL Crème fraîche
1 Ei (getrennt)
1/10 l Calvados (100 ml)
2 EL geriebener Parmesan
Salz, Pfeffer

Zubereiten

1 Kerngehäuse der 4 Äpfel ausbohren, den unteren Teil wieder einsetzen.

2 Mit einem Kartoffelbohrer das Apfelinnere weiter aushöhlen. 1/10 l Calvados mit Zitronensaft mischen, in die Äpfel gießen. Auf einen Teller setzen, den Calvados einziehen lassen.

Die 2 Stangen Bleichsellerie in schmale Streifen schneiden, im kleinen Topf in 1 EL Butter 5 Min. dünsten. 1 EL Crème fraîche, 100 g Krabben und 2 Löffelchen Calvados (aus den Äpfeln) einrühren, würzen. Topf vom Herd nehmen.

► Backofen auf 180° anheizen.

1 Eigelb in die etwas abgekühlte Sauce rühren, in die Äpfel füllen (zuvor Calvados ausgießen, aufheben). Das Eiweiß steif schlagen, geriebenen Käse unterheben. Käse-Baiser-Masse auf die Äpfel türmen. In je einen Bogen Alufolie halb einwickeln, oben offenlassen. Aufgehobenen Calvados seitlich angießen.

► 25 Min. im Ofen backen (Umluft: 150°, 25–30 Min.).

Anrichten

Mit Schnittlauchröllchen bestreuen. Vielleicht noch einen Selleriestengel roh dazulegen.

1

2

Ideen

- Apfelschnipsel (vom Aushöhlen) für die Füllung verwenden. Dann genügt 1 Stange Bleichsellerie. Mit Kresseblättchen bestreuen.
- Statt Parmesan: frisch geriebenen Provolone, englischen Cheddar (mild) oder französischen Cantal (würzig).
- Füllung und Garmethode eignen sich auch für milde (rote oder gelbe) Paprikaschoten, dicke Birnen, längs halbierte, ausgehöhlte Zucchini oder blanchierte, zu Körbchen geformte Kohlblätter.

Broccoli-Törtchen

1

2

3

Broccoli-Törtchen

Witzige Vorspeise oder Beilage zu Kurzgebratenem.

Die kleinen Gratins haben einen Boden aus püriertem Gemüse und werden mit Käse-Sahnesauce überbacken.

Auf einen Blick

4 Portionen

Besonderes Gerät: Blitzhacker (Pürierstab, Mixer); 4 Tortelett-Förmchen (etwa 12 cm Durchmesser); 4 ofenfeste Teller (Backblech mit Backtrennpapier).

Dauert insgesamt: 1 Std. 15 Min.
Dabei zu tun: 50 Min.
Herd / Ofen: 20 / 40 Min.

Dazu servieren: italienischen Löwenzahn- oder Friséesalat mit Knoblauch.

Weintip: trockener Weißwein oder leichter Rotwein.

Pro Portion: 1900 kJ / 450 kcal

Einkaufen

Gemüse:
750 g Broccoli
200 g Möhren

Sonstiges:
¼ l Fleischbrühe
1 + 1 EL Butter
Fett für die Förmchen
1 Ei
etwa 5 EL Semmelbrösel
1 gehäufter TL Mehl
3 gehäufte EL Crème fraîche (100 g)
2 EL geriebener Käse (mittelalter Gouda)
Salz, Pfeffer

Zubereiten

1 Broccoli putzen, die Röschen abschneiden und zur Seite legen. Stiele schälen und grob würfeln. 200 g Möhren schälen, in ebensolche Würfel schneiden.

Mittlerer Topf: ¼ l Fleischbrühe aufkochen. Broccolistiele und Möhrenwürfel 10 Min. darin kochen, mit einer Schaumkelle herausheben (Brühe aufheben).

► Backofen auf 200° anheizen.

Gemüse im Blitzhacker pürieren. 1 EL Butter, 1 Ei und etwa 5 EL Semmelbrösel dazurühren, würzen. Das Püree soll ziemlich fest sein, sonst mehr Brösel nehmen.

Tortelett-Förmchen mit Fett ausstreichen.

2 Gemüsepüree einfüllen und die Oberfläche glattstreichen.

► Im Ofen (obere Schiene) 25 Min. backen (Umluft: 175°, 25 Min.).

Während der Backzeit: Broccoliröschen 5 Min. in der Brühe dünsten, mit Schaumkelle herausheben, kalt überbrausen und abtropfen lassen.

Kleiner Topf: 1 EL Butter erhitzen, 1 gehäuften TL Mehl einstreuen, aufschäumen lassen und, ehe das Mehl bräunt, 1/16 l von der Kochbrühe mit dem Schneebesen einquirlen. Aufkochen, 3 EL Crème fraîche und 2 EL geriebenen Käse einrühren. Leise blubbernd recht dickflüssig einkochen lassen.

Törtchen aus dem Ofen nehmen, etwas abkühlen lassen. Auf gefettete, ofenfeste Teller stürzen (oder auf Backblech, mit Backtrennpapier belegt).

► Backofen auf 220° schalten.

Käsesauce mit Salz und Pfeffer abschmecken.

3 Broccoliröschen auf die Törtchen verteilen, mit der Sauce übergießen.

► Im Backofen 15 Min. überbacken (Umluft: 200°, 15 Min.). Die Oberfläche soll nur ganz leicht bräunen.

Anrichten

Italienischen Löwenzahn- oder Friséesalat kurz durch geknofeltes Olivenöl und Weinessig ziehen, salzen und pfeffern, neben die Törtchen legen.

Ideen

- Statt Broccoli einen kleinen Blumenkohl nehmen, die Stiele bis hin zu den Röschen fürs Püree verwenden.
- Torteletts nicht stürzen, sondern in der Form lassen und überbacken.
- Zum Überbacken 100 g Gorgonzola nehmen (in kleinen Flöckchen draufsetzen). Schmeckt noch würziger.
- Die Sauce ohne Käse, aber mit gehackten Walnußkernen zubereiten und extra dazu reichen. Broccoli nur mit Käse überbacken.

1

2

3

4

Zucchinisuppe mit grünem Soufflé

Originelle üppige Vorsuppe.

Fürs Soufflé werden die Zucchinischalen püriert und unter Eischnee gehoben. Auf Baguettescheiben eine witzige Suppeneinlage für besondere Gelegenheiten.

Auf einen Blick

4 Portionen

Besonderes Gerät: Blitzhacker; Pürierstab (Mixer); Handrührer (Schneebesen).

Dauert insgesamt: 50 Min.
Dabei zu tun: 35 Min.
Herd / Ofen: 30 / 10 Min.

Dazu servieren: eventuell noch Baguette oder Blätterteig-Käsestangen.

Weintip: trockener Weißwein; oder als Aperitif eine Beerenauslese.

Pro Portion: 1000 kJ / 240 kcal

Einkaufen

Gemüse:
500 g Zucchini
1 mittelgroße Zwiebel
1 Knoblauchzehe

Sonstiges:
1 + 2 EL Butter
3/4 l Fleischbrühe
4 Scheiben Baguette, etwa 4 cm dick (oder altbackenes Weißbrot)
1 Ei (getrennt)
30 g geriebener Parmesan
1 TL Fenchelsamen
Salz, Pfeffer

Zubereiten

1 Zucchini (mit Kartoffelschäler) schälen und würfeln, die Schalen aufheben. 1 Zwiebel und 1 Knoblauchzehe fein würfeln.

Großer Topf: 1 EL Butter erhitzen, zuerst Zwiebel-, dann Knoblauch- und zum Schluß Zucchiniwürfel darin andünsten.

2 Fenchelsamen (1 TL) darüberstreuen und 3/4 l Fleischbrühe aufgießen. 20 Min. zugedeckt köcheln.

Pfanne: In 2 EL Butter die Baguettescheiben beidseitig anrösten (aus Weißbrot: runde Scheiben, 8 cm im Durchmesser, ausschneiden), zur Seite stellen.

▶ Backofen auf 220° anheizen.

3 Zucchinischalen kleinschneiden und im Blitzhacker oder Mixer zu glattem Mus pürieren. 30 g geriebenen Käse drunterrühren, salzen und pfeffern.

1 Eiweiß mit einer Prise Salz steif schlagen, mit Schneebesen unter das Püree heben.

4 Die Masse auf die Brotscheiben häufen.

▶ Im Ofen 10 Min. überbacken (Umluft: 200°, 10 Min.), bis die Soufflémasse schön luftig aufgegangen ist.

In dieser Zeit die Suppe glatt pürieren (Pürierstab, Mixer). Das übrige Eigelb mit etwas heißer Brühe verquirlen, Suppe damit legieren, nachwürzen und auf vier Teller verteilen.

Anrichten

Die Zucchinisoufflé-Baguettes im letzten Augenblick in die Suppe legen, damit sie nicht zu schnell durchweichen. Nach Belieben noch weiteren geriebenen Käse dazu reichen.

Ideen

- Fleischbrühe: natürlich möglichst selbst gekocht. Sonst eine Dose klare Consommé mit Wasser auf 3/4 l auffüllen.
- Zum Legieren das Eigelb mit etwas Sahne verquirlen.
- Der Fenchelsamen gibt dieser Suppe den originellen Geschmack. Läßt sich notfalls durch Anis, Kreuzkümmel (Cumin, Mutterkümmel) oder etwas frisch geriebenen Ingwer ersetzen.
- Um Sie vor Mißerfolgen zu bewahren: Ich versuchte zuerst, die Suppe mit den darin liegenden Baguettescheiben zu gratinieren; sie weichten aber sofort durch und die Suppe backte am Tellerrand an.

Bries-Scampi-Frikassee im Brötchen

Hauptgericht oder üppiger warmer Zwischengang.

Interessante Kombination von zarter Innerei mit Meerestieren und grüner Paprika. Die Portionen wirken zwar nicht sehr groß, sind aber ausgesprochen gehaltvoll, so daß sie innerhalb eines Menüs als Hauptgericht völlig ausreichen.

Auf einen Blick

4 Portionen

Besonderes Gerät: Backpinsel; ofenfeste Teller (Backblech, mit Alufolie belegt).

Dauert insgesamt: 1 Std. 30 Min.
Dabei zu tun: 1 Std. 15 Min.
Herd / Ofen: 30 / 35 Min.

Dazu servieren: Eichblatt- und Friséesalat, mit Essig und Walnußöl angemacht.

Weintip: Weißwein, trocken bis halbtrocken.

Pro Portion: 2200 kJ / 520 kcal

Einkaufen

Fleisch & Fisch:
200 g Kalbsbries
100 g frische, geschälte Scampi (Kaisergranat)

Gemüse:
1 grüne Paprikaschote
1 unbehandelte Zitrone

Sonstiges:
4 dicke runde Brötchen
2 + 1 EL Butter
100 g alter Gouda, gerieben
½ l Fleischbrühe
1 EL Mehl
¼ l Milch
2 EL Crème fraîche
50 g Mandeln (ungeschält)
Salz, Pfeffer

Zubereiten

Von den 4 Brötchen einen Deckel abschneiden, aushöhlen, bis ein etwa 1 cm dicker Rand bleibt. Kleines Pfännchen: 2 EL Butter zergehen lassen.

1 Brötchen innen mit Butter auspinseln, mit 50 g geriebenem Käse ausstreuen.

► In den Backofen stellen. Regler jetzt erst auf 220° schalten (Umluft: 180°). 15 Min. backen, Herd ausschalten, mit einem (hölzernen) Kochlöffelstiel die Tür einen Spalt breit offen halten. Die Brötchen im Ofen warm halten.

2 Bries putzen: Häute und Fettreste mit einem kleinen Messer lösen und abzupfen. Kleiner Topf: Kalbsbries in ½ l Brühe aufkochen, auf kleinster Stufe 15 Min. sanft simmern lassen.

Zitrone heiß abwaschen, ein fingerlanges Stück Schale hauchdünn abschneiden, in haarfeine Streifen schneiden. Eine Zitronenhälfte entsaften, die andere nehmen wir zum Verzieren.

3 Bries abtropfen, in kleine, etwa haselnußgroße Stücke zerzupfen. Die Brühe aufheben.

Mittlerer Topf: 1 EL Butter zergehen lassen, 1 EL Mehl drüberstreuen und einrühren. Topf von der Platte nehmen, etwa 1 Min. abkühlen lassen.

¼ l kalte Milch zugießen und unter Rühren (Schneebesen) aufwallen lassen. 2 EL Crème fraîche und Zitronenschalen dazurühren, salzen und pfeffern. Etwa 10 Min. sanft köcheln, warm halten.

► Backofen auf 220° stellen (die Brötchen herausnehmen).

1 Paprikaschote längs in Streifen, diese schräg in zentimetergroße Rauten schneiden. In der Briesbrühe 2 Min. kochen, kalt abspülen. 50 g Mandeln überbrühen, enthäuten, Kerne längs teilen. Im Pfännchen (in dem die Butter zerlassen wurde) unter ständigem Rühren hellbraun rösten (aufpassen, sie werden schnell zu braun).

100 g Scampi, Briesstücke, Paprikarauten (8 zum Dekorieren aufheben) und Mandeln in die Sauce geben, mit 1 EL Zitronensaft säuern. In die Brötchen füllen, die restlichen 50 g Gouda drüberstreuen. Auf ofenfeste Teller setzen (die restliche Sauce drum herum verteilen) oder auf ein mit Alufolie belegtes, mit Mehl bestreutes Backblech geben (dann den Saucenrest erst zum Schluß beim Servieren zugießen).

► Bei 220° auf der mittleren Schiene 10 Min. überbacken (Umluft: 200°, 10–12 Min.).

Anrichten

Teller mit Zitronenfilets oder -scheiben und je zwei der zurückbehaltenen Paprikarauten verzieren.

1 

2 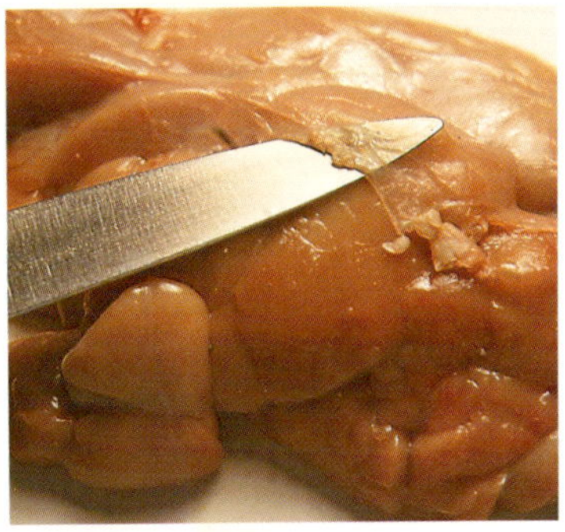

3 

Ideen

- Bries beim Metzger vorbestellen (läßt sich auch tiefkühlen). Oder: durch die gleiche Menge Fischfilet (Goldbarsch, Heilbutt) ersetzen. Auch mal mit Kalbsleber (das Gericht wird dadurch sehr kontrastreich) probieren.
- Statt Scampi: geschälte Nordseekrabben nehmen.
- Finden Sie keine großen Brötchen: altbackenes Weißbrot in 10 cm dicke Scheiben schneiden, zu Körbchen aushöhlen.
- Die Paprikaschote können Sie durch 1–2 Frühlingszwiebeln, gehäutete, entkernte und gewürfelte Tomaten oder 1 Stange Bleichsellerie ersetzen.
- Sehr gut paßt auch eine gelbe Paprikaschote zu dem Frikassee. Wer's ganz scharf mag, nimmt eine große grüne Peperoni.
- Für Zitronenfilets zum Dekorieren schälen Sie eine Zitrone mit dem Messer bis ins Fruchtfleisch und lösen die Spalten zwischen den Häuten aus.
- Mit dem Frikassee können Sie auch fertig gekaufte Blätterteig-Pastetchen füllen (vorm Gratinieren im Ofen kurz aufbacken).

Gratins unter der Teighaube

Tessiner Gratin

Tessiner Gratin

Komplettes Hauptgericht.

Die typischen Zutaten der Tessiner Küche sind in diesem Auflauf vereint: Kaninchen, Polenta, Tomaten und Rosmarin. Allerdings werden Sie ihn (bis jetzt noch) vergeblich auf Tessiner Speisenkarten suchen.

Auf einen Blick

4 Portionen

Besonderes Gerät: Knoblauchpresse (Mörser); große Pfanne, flache Auflaufform.

Dauert insgesamt: 2 Std.
Dabei zu tun: 40 Min.
Herd / Ofen: 20 / 40 Min.

Dazu servieren: Tomatensalat mit Frühlingszwiebeln.

Weintip: Stilgerecht wäre ein Tessiner Merlot, gut geeignet sind kräftige italienische Rotweine aus der Merlot-Traube.

Pro Portion: 3100 kJ / 740 kcal

Einkaufen

Fleisch:
750 g Kaninchenteile (notfalls tiefgekühlt)

Gemüse:
1 dicke Gemüsezwiebel
150 g Champignons
500 g vollreife Tomaten (vorzugsweise Fleischtomaten)
1 Knoblauchzehe
2 Zweige frischer Rosmarin

Sonstiges:
250 g Polenta (grober Maisgrieß)
2 + 1 EL Olivenöl
100 g Schweizer Berg- oder Raclettekäse
Fett für die Form
Salz, Pfeffer

Zubereiten

Hoher Topf: 1 l Wasser mit 1 TL Salz aufkochen, 250 g Polenta einrieseln lassen. 20 Min. bei geringer Hitze unter ständigem Rühren köcheln (aufpassen, die Masse blubbert). Auf die Seite stellen und weiter ausquellen lassen.

1 Kaninchenfleisch (750 g) von den Knochen lösen und in walnußgroße Stücke schneiden. 1 Knoblauchzehe dazu pressen, Nadeln von 1 Zweig Rosmarin und 2 EL Olivenöl druntermischen. Etwa 30 Min. marinieren.

1 Gemüsezwiebel in Streifen, 150 g Champignons in Scheiben schneiden.

500 g Tomaten überbrühen, häuten und entkernen; grob würfeln.

► Backofen auf 180° schalten.

Große Pfanne: 1 EL Olivenöl erhitzen. Das marinierte Fleisch kurz und scharf anbraten. Mit einem Schaumlöffel aus der Pfanne heben, auf Küchenkrepp abtropfen lassen.

Im verbliebenen Öl Zwiebelstreifen und Champignons braten.

2 Nadeln von 1 Zweig Rosmarin abstreifen, kurz mitdünsten. Das Fleisch wieder dazugeben. Salzen und pfeffern.

100 g Berg- oder Raclettekäse reiben.

Auflaufform fetten und mit der Hälfte der Polentamasse füllen.

3 Die Fleisch-Gemüse-Mischung und die Tomaten darauf verteilen. Mit der restlichen Polentamasse bedecken und mit geriebenem Käse bestreuen.

► Im Ofen (mittlere Schiene) 40 Min. überbacken (Umluft: 150°, 30 – 40 Min.).

Anrichten

In der Form auftragen. Nach Laune noch einige frische Butterflöckchen auf der Oberfläche zerschleichen lassen.

1

Ideen

- Statt Polenta: kleine Hörnchennudeln nehmen, in Salzwasser bißfest garen. Die Nudelschicht dann aber mit Sahne beträufeln (den Käse erst später draufgeben) und mit Alufolie vorm Austrocknen schützen. Nach 25 Min. abnehmen, Käse draufstreuen und bräunen.

2 

3 

- Besonders zart und locker wird die Polentahaube, wenn Sie den Maisgrieß beim Kochen mit dem Pürierstab durchmixen.

- Es gibt auch eine bereits vorgegarte Polenta, die nur 5 Min. kochen muß.

- Gemüse: 2 normale Zwiebeln oder 1 Lauchstange statt der Gemüsezwiebel nehmen. An Stelle der Champignons würden auch Steinpilze, Pfifferlinge oder Morcheln gut darin schmecken (eventuell auch 15 g getrocknete Morcheln, etwa 1 Std. vorher gründlich unter fließendem Wasser bürsten und einweichen. Nach dem Anbraten der Zwiebeln und Pilze die Einweichflüssigkeit zugießen und einkochen lassen).

- Käse: Raclettekäse mit 3 EL Sahne und gehackter Petersilie mischen. Oder frisch geriebenen Parmesan verwenden.

- Sind keine frischen Tomaten aufzutreiben, nehmen Sie Dosentomaten (gründlich abtropfen lassen, sonst wird der Auflauf zu feucht).

- Fleisch: Kalbfleisch wäre auch gut geeignet. Vielleicht vorm Anbraten ein paar Stunden in Zitronensaft mit Rosmarin marinieren? Oder gar das – leider selten zu findende – Ziegenfleisch.

- Als Alternative zu Kaninchen käme auch ein fleischiges Bauernhähnchen in Frage. In Portionsstücke teilen oder gleich entbeinen.

- Gewürze: Getrockneter Rosmarin geht auch. Oder Oregano und Thymian. Auch frischer Salbei (aber keinen getrockneten – das schmeckt scheußlich). Bei Nudeln könnte ein Hauch Muskat nicht schaden. Die eine Knoblauchzehe sollte bei einem Tessiner Gericht schon sein – Knoblauchfans sollten sich nicht scheuen, auch mehr zu verwenden. Eine Zehe durchgepreßt zum Marinieren nehmen, die anderen gehackt mit dem Gemüse anbraten.

1
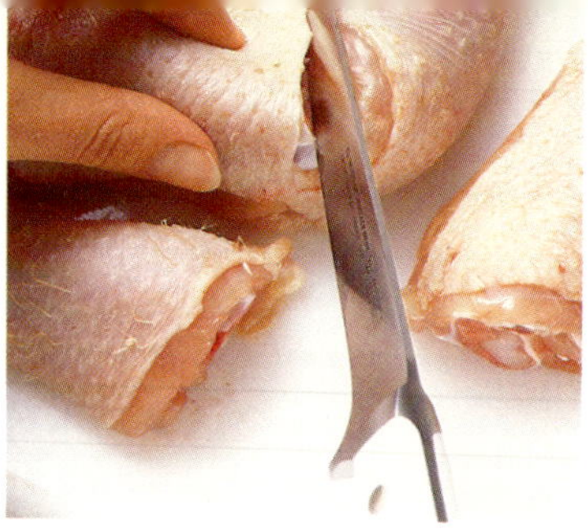

2

3

4

Cashew-Hähnchen unter Roggenkruste

Komplettes Hauptgericht.

Ein Mäntelchen aus Roggenbrotteig schützt den Auflauf aus Hühnerschenkeln mit Cashew-Nüssen und ergibt gleich die Beilage.

Auf einen Blick

4 Portionen

Besonderes Gerät: große Pfanne; Teigroller; große runde oder rechteckige Auflaufform; Backpinsel.

Dauert insgesamt: 2 Std.
Dabei zu tun: 1 Std.
Herd / Ofen: 20 / 45 Min.

Dazu servieren: Salatplatte

Weintip: trockener bis halbtrockener Riesling oder Silvaner, zum Beispiel von der Nahe.

Pro Portion: 3100 kJ / 740 kcal

Einkaufen

Fleisch:
4 Hühnerschenkel

Gemüse:
250 g kleine Zwiebeln oder Schalotten
3 mittelgroße Möhren
3 Stangen Bleichsellerie
1 unbehandelte Zitrone

Sonstiges:
½ Paket Roggenbrot-Backmischung
2 + 1 EL neutrales Pflanzenöl
100 g Cashew-Nüsse
⅛ l kräftige Hühnerbrühe
Salz, Pfeffer, Cayennepfeffer

Zubereiten

Backmischung (Paket gut durchschütteln, halbe Menge abwiegen) nach Vorschrift anrühren.

1 Die 4 Hühnerschenkel durchs Gelenk halbieren, mit Salz, Pfeffer und Cayenne einreiben. Kleine Zwiebeln (250 g) schälen.

2 Die 3 Möhren und 3 Stangen Bleichsellerie schräg in Stücke schneiden.

Große Pfanne: 2 EL Öl erhitzen, Hühnerschenkel anbraten. Nach dem Wenden Zwiebeln, Möhren- und Bleichsellerie zugeben.

3 Unter häufigem Schütteln karamelartig bräunen. 100 g Cashew-Nüsse mit anrösten, ⅛ l Hühnerbrühe zugießen, 10 Min. ohne Deckel köcheln.

Etwa 1 TL Zitronenschale abreiben, mit Saft der Zitrone übers Fleisch geben. Mit Salz, Pfeffer und Cayenne nachwürzen.

► Backofen auf 200° anheizen.

Auflaufform mit 1 EL Öl fetten, Fleisch und Gemüse einfüllen.

Roggenteig etwas größer als die Form ausrollen. Außenrand der Form mit Wasser anfeuchten.

4 Teigplatte drüberdecken und so zurechtschneiden, daß sie 2 cm überlappt. Rand festdrükken. Teigreste zu zentimeterdikken Röllchen formen, zu Schnekken aufdrehen und mit etwas Wasser auf die Teigplatte kleben.

► Auf der unteren Schiene 45 Min. backen (Umluft: 175°, 45–50 Min.). Nach 20 Min. und zum Schluß mit kaltem Wasser bestreichen, damit die Oberfläche knusprig und glänzend wird.

Anrichten

In der Form auftragen. Bei Tisch die Teigkruste aufbrechen.

Ideen

- Geübte werden den Roggenteig selbst ansetzen wollen (mit Sauerteig oder Backferment).
- Oder einen Weizenteig mit Hefe und Vollkornmehl.
- Statt mit Bleichsellerie könnte ich mir das Ragout auch gut mit Broccoliröschen vorstellen.
- Einen kräftigeren Geschmack bekommt das Ganze durch Erdnüsse oder Rauchmandeln an Stelle von Cashew-Kernen.
- Statt Hühnerfleisch: ein Perlhuhn in Brusthälften und Schenkel zerlegen. Knochen und Abschnitte mit gewürfeltem Suppengemüse zu einer Brühe auskochen (1–2 Std.), zum Aufgießen verwenden.

1
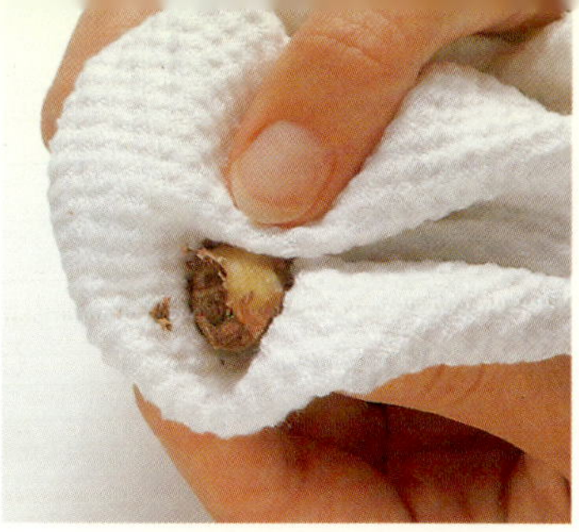

2

3

Couscous mit Grießhaube

Komplettes Hauptgericht.

Unten schmoren Fleisch und Gemüse, oben gart Hartweizengrieß im Dampf: So wird in Nordafrika Couscous zubereitet. Man kann aber auch mal einen Auflauf aus den Zutaten machen.

Auf einen Blick

4 Portionen

Besonderes Gerät: große Pfanne mit Deckel; tiefe, runde Auflaufform; Alufolie zum Abdecken.

Dauert insgesamt: 1 Std. 50 Min.
Dabei zu tun: 50 Min.
Herd / Ofen: 45 / 30 Min.

Dazu servieren: Salat, Baguette.

Weintip: trockener, tunesischer Rotwein aus Mornag oder leichter französischer Landwein.

Pro Portion: 5000 kJ / 1200 kcal

Einkaufen

Fleisch:
4 doppelte Lammkoteletts (in der Mitte teilen lassen)
2 Hühnerschenkel

Gemüse:
4 kleine Zwiebeln
4 Möhren
2 grüne Paprikaschoten
1 mittelgroße Aubergine
1 unbehandelte Zitrone

Sonstiges:
2 EL Olivenöl
1/4 l kräftige Fleischbrühe
75 g Haselnüsse
3 EL Tomatenmark
250 g Couscous-Grieß (Spezialitätenabteilung gut sortierter Kaufhäuser)
50 g Butter
1 mittelgroßes Ei
Fett für die Form
Kreuzkümmel (Mutterkümmel, Cumin), Harissa (rote, scharfe Paprikapaste; ersatzweise Sambal Oelek), Salz, Pfeffer

Zubereiten

Lammkoteletts trocknen, leicht salzen. 2 Hühnerschenkel im Gelenk durchtrennen, würzen. 4 kleine Zwiebeln pellen, durch den Wurzelstrunk vierteln.

Große Pfanne: 2 EL Olivenöl erhitzen, Koteletts und Hühnerschenkel anbraten. Wenden, die Zwiebeln mitbräunen. 1/4 l Brühe angießen, zugedeckt etwa 30 Min. schmoren.

1 Haselnüsse (75 g) überbrühen (oder: in Pfanne trocken rösten), Schalen abrubbeln.

2 Die 4 Möhren ganz schräg in Stücke, 2 Paprika in Streifen, 1 Aubergine in Würfel schneiden. Nach 30 Min. mit den Haselnüssen zum Fleisch geben.

Mit Zitronensaft und 1 EL abgeriebener Schale, 3 EL Tomatenmark, Salz, Pfeffer, Kreuzkümmel und 1 TL Harissa würzen. 15 Min. zugedeckt schmoren.

► Backofen auf 180° anheizen.

Teig: 250 g Couscous-Grieß mit 1/2 l kochendem Salzwasser übergießen, kurz quellen lassen. 50 g Butter und 1 Ei einrühren.

Auflaufform fetten. Mit Ragout füllen.

3 Grießteig darauf setzen, mit nassem Pfannenmesser glatt streichen. Aus Teigresten Formen ausstechen, draufsetzen.

► Im Ofen (untere Schiene) 30 Min. backen (Umluft: 150°, 30–35 Min.), nach 10 Min. mit Alufolie abdecken, damit die Oberfläche nicht austrocknet.

Anrichten

In der Form auftragen. Zum Nachwürzen noch Harissa, verrührt mit wenig Brühe, Zitronensaft, Olivenöl und zerstampftem Knoblauch, bereitstellen.

Ideen

- Geschälte, entkernte und gewürfelte Tomaten (250 g) statt Tomatenmark.
- Fleischloses Couscous: Mit angebratenem Tofu und frischen Pilzen. Mehr Haselnüsse nehmen.
- Gemüse: Nach Angebot des Marktes. Gut geeignet sind weiße Rüben (Navets), Zucchini (erst zum Schluß zugeben), Fenchel, Kohlrabi, Mangold (Stiele und Blätter), Petersilienwurzeln.
- Wer sich über die Haselnüsse wundert: Ich habe sie an Stelle von Kichererbsen genommen. Wenn Sie die orientalischen Hülsenfrüchte in Dosen finden, um so besser.

Rohrnudeln auf Filet

1

2

Pikante Rohrnudeln auf Schweinefilet

Komplettes Hauptgericht.

Warum sollen Rohrnudeln immer süß sein? Hier eine pikante Version. Damit das Gericht komplett wird, setzen wir sie auf ein Bett von Schweinefilet und Tomaten mit Mandeln und Knoblauch.

Auf einen Blick

4 Portionen

Besonderes Gerät: Teigschüssel; Teigroller; große Pfanne; große, flache Auflaufform.

Dauert insgesamt: 1 Std. 45 Min.
Dabei zu tun: 45 Min.
Herd / Ofen: 25 / 25 Min.

Dazu servieren: bunten Salat, mit saurer Sahne und Kräutern angemacht.

Weintip: leichter Rotwein oder ein badischer Spätburgunder Weißherbst vom Kaiserstuhl (trocken).

Pro Portion: 3190 kJ / 760 kcal

Einkaufen

Fleisch:
500 g Schweinefilet

Gemüse:
2 Zwiebeln
1 Knoblauchzehe
500 g reife (Fleisch-)Tomaten
1 Zweig Thymian
1 Zweig Rosmarin

Sonstiges:
250 g + 2 EL Mehl
½ Würfel Hefe
⅛ l Milch
1 + 2 EL Butter
1 Ei
2 EL Öl
50 g ungeschälte Mandeln
10 grüne Oliven (ohne Stein)
1/16 l Fleischbrühe
1 TL Senf, Salz, Pfeffer

Zubereiten

Teig: ⅛ l Milch auf etwa 40° (gut handwarm) erhitzen. Schüssel: 250 g Mehl mit ½ Würfel zerbröselter Hefe vermischen, warme Milch einrühren. Mit einem Küchentuch abdecken und 15 Min. gehen lassen.

1 EL Butter schmelzen (Tip: in der großen Pfanne, die Sie nachher ohnehin brauchen) und zum Teig geben. Dazu kommen 1 Ei und 1 TL Salz. Herzhaft kneten, bis ein geschmeidiger Teigkloß entstanden ist. Tuch wieder drauflegen und dem Teig 30 Min. Ruhe gönnen.

Schweinefilet sorgfältig enthäuten. In fingerdicke Scheiben schneiden. 2 Zwiebeln längs halbieren, streifig schneiden. 1 Knoblauchzehe fein hacken. 500 g Tomaten überbrühen, häuten und entkernen. Grob zerteilen.

Große Pfanne: 2 EL Öl erhitzen. Filetscheiben kurz und scharf anbraten, herausnehmen. Zwiebeln und Knoblauch im Bratöl bei mäßiger Hitze goldgelb schmurgeln. Tomatenwürfel einrühren, Thymian- und Rosmarinblättchen dazuzupfen. 10 Min. köcheln.

50 g Mandeln längs teilen, 10 Oliven halbieren. Zu den Tomaten geben. Mit 1 TL Senf, Salz und Pfeffer würzen. 1/16 l Fleischbrühe angießen. Bei kleiner Hitze 10 Min. schmurgeln lassen.

► Backofen auf 180° anheizen.

1 Arbeitsfläche mit 2 EL Mehl bestreuen, Teig ½ cm dick ausrollen. In 4 x 20 cm große Streifen schneiden, aufrollen. Filetscheiben in der Form verteilen, mit Tomatenpüree übergießen.

2 Rohrnudeln mit etwas Abstand daraufsetzen. 2 EL Butter in Flöckchen drüber verteilen.

► Auf der mittleren Schiene 25–30 Min. backen (Umluft: 175°, 30 Min.), bis die Rohrnudeln gut gebräunt sind.

Anrichten

In der Form auftragen, mit Pfannenschaufel portionieren.

Ideen

- Fleischloses Gericht: Ragout aus Mischpilzen mit Tomaten und Gemüsebrühe.
- Teigstreifen vorm Aufrollen mit Tomatenmark bestreichen. Oder mit einer Paste aus geriebenen Mandeln und Crème fraîche.
- Statt Schweinelende Kalbsschnitzel, in fingerbreite Streifen geschnitten.
- Frech und scharf abschmekken mit Tabasco oder Pfefferschoten.

1

2

3

Rindsragout mit Mohngebäck

Komplettes Hauptgericht.

Praktische Kombination, denn das Ragout wird mit pikanten Mohnbrötchen zusammen im Ofen gebacken.

Auf einen Blick

4 Portionen

Besonderes Gerät: große Pfanne mit Deckel; große flache Auflaufform (rechteckig oder rund); Teigschüssel.

Dauert insgesamt:	2 Std.
Dabei zu tun:	40 Min.
Herd / Ofen:	95 / 20 Min.

Dazu servieren: Salatteller mit Tomaten, Gurken, Romanasalat.

Weintip: herzhafter, kräftiger Rotwein, Côtes du Rhône, Coteaux du Languedoc oder Côtes de Provence.

Pro Portion: 2300 kJ / 550 kcal

Einkaufen

Fleisch:
500 g Rindfleisch zum Schmoren (Schulter zum Beispiel)

Gemüse:
250 g Schalotten (Grillzwiebeln)
4 mittelgroße Möhren
250 g vollreife Tomaten

Sonstiges:
250 g + 1 EL Mehl
½ Würfel Hefe
2 EL Pflanzenöl
¼ l kräftige Rinderbrühe
2 EL Sahne (Kaffeesahne)
1 TL Mohn oder Sesam
Lorbeerblätter, Pimentkörner, Nelken, Salz, Pfeffer

Zubereiten

Rindfleisch in 4 cm große Würfel schneiden. 250 g Schalotten schälen. 4 Möhren schräg in 3 cm lange Stücke schneiden.

Große Pfanne: 2 EL Öl erhitzen. Fleisch portionsweise anbraten, herausheben. Zwiebeln und Möhren im Fett karamelisieren lassen. 1 EL Mehl drüberstäuben, einrühren. ¼ l Brühe angießen. Fleisch wieder zugeben. 1–2 Lorbeerblätter, 5 Pimentkörner, 3–5 Nelken dazu. Sparsam salzen.

Zugedeckt bei kleinster Hitze 1½ bis 2 Std. schmoren. Gelegentlich nachsehen, ob Wasser nachgegossen werden muß.

1 Teig: 250 g Mehl in eine Schüssel geben. In die Mitte eine Mulde drücken. ½ Würfel Hefe mit 150 ml handwarmem Wasser anrühren, in die Mulde gießen. Etwas Mehl vom Rand her einrühren. 15 Min. an einem warmen Fleckchen gehen lassen.

1 TL Salz über das Mehl streuen. Schüsselinhalt zu einem Teig verrühren. Kräftig und ausdauernd 10 Min. kneten, bis der Teig speckig glänzt.

Mit Küchentuch abdecken. 30 Min. gehen lassen.

2 Danach nochmals kneten, zu einer 6 cm dicken Rolle formen. In 10 Scheiben schneiden. Auf gemehltes Brett setzen, mit Tuch bedeckt 15 Min. gehen lassen.

► Backofen auf 200° anheizen.

Tomaten überbrühen, häuten und entkernen. Würfeln, unter das Ragout mischen. Salzen und pfeffern, 10 Min. köcheln. In die Auflaufform füllen.

3 Teigscheiben am Rand verteilen, mit Sahne bestreichen, Mohn oder Sesam draufstreuen.

► Im Ofen (mittlere Schiene) 20 – 25 Min. backen (Umluft: 175°, 25 Min.), bis das Gebäck an der Oberfläche schön gebräunt ist.

Anrichten

Mit dem Gebäck in der Form servieren. Wer mag, dekoriert noch mit gehackten Kräutern.

Ideen

- Hefeteig: Auf der linken Seite ist ein schneller Teig beschrieben (ohne Vorteig). Das Gebäck wird nicht ganz so blasig-luftig. Den Teig kann man auch mit der Küchenmaschine rühren.
- Sehr gut: Mit geschmortem Ochsenschwanz (etwa 1 kg, die Schmorzeit beträgt 3–4 Std.). Verdampfte Flüssigkeit mit Rotwein ergänzen.
- Oberfläche des Gratins mit Reibkäse (Greyerzer, alter Gouda) bestreuen.
- Würzen: 2–3 EL Madeira; oder 1 EL Angostura Bitter. Mit einem Hauch Cayennepfeffer schärfen. Auch eine Prise Kümmel, im Mörser zerdrückt. Eine Spur Oregano, einige Rosmarinnadeln.

Schwein mit Bohnen unter Weißbrotteig

Komplettes Hauptgericht.

Richtig schön im eigenen Saft schmurgeln Fleisch und Gemüse unter Brotteig. Allerdings kein Gericht für Ungeduldige: Die Bohnenkerne müssen ausgepalt werden, der Weißbrotteig braucht Zeit zum Aufgehen.

Auf einen Blick

4 Portionen

Besonderes Gerät: Teigschüssel; großer Schmortopf mit Deckel; tiefe, möglichst runde Auflaufform; Backpinsel.

Dauert insgesamt:	2 Std. 10 Min.
Dabei zu tun:	45 Min.
Herd / Ofen:	40 / 60 Min.

Dazu servieren: grünen Salat, vielleicht noch mit rohen Zucchinischeiben vermischt.

Weintip: herzhafter Weißwein (Ruländer), trockener Cidre oder leichter französischer Landwein.

Pro Portion: 3800 kJ / 900 kcal

Einkaufen

Fleisch:
500 g Schweinefleisch (mager, aus der Schulter)

Gemüse:
1 kg frische dicke Bohnen (mit Schalen gewogen)
2 mittelgroße Zwiebeln
3 kleine, rotwangige Äpfel
2 Fleischtomaten
3 Zweige frischer Majoran

Sonstiges:
250 g Weizenmehl
½ Würfel Hefe (1 Päckchen Trockenhefe)
50 + 30 g Butter
2 EL Pflanzenöl
⅛ l Fleischbrühe
1 EL Sesamsamen oder Mohn
Salz, Pfeffer

Zubereiten

Teig: In großer Schüssel 250 g Mehl mit ½ Würfel zerbröselter Hefe, 50 g zerlassener Butter, ½ TL Salz und ⅛ l lauwarmem Wasser verrühren. Zu einem geschmeidigen Teig verkneten. Mit Plastikfolie abdecken und 1 Std. gehen lassen.

1 Dicke Bohnen aus den Hülsen palen, es sollen etwa 250 g netto übrig bleiben.

2 Wer ganz gründlich ist, entfernt auch noch die ledrige Haut.

Schweinefleisch in fingerdicke Streifen schneiden. 2 Zwiebeln vierteln.

Schmortopf: 2 EL Öl erhitzen. Fleischstreifen rasch anbraten, Zwiebeln zugeben, mitbräunen. ⅛ l Fleischbrühe angießen, Bohnenkerne dazugeben. 30 Min. zugedeckt sanft schmoren.

Beide Tomaten häuten, vierteln, entkernen. 3 Äpfel ungeschält vierteln, das Kerngehäuse ausschneiden.

Teig etwas größer als die Form ausrollen. Mit einem Küchentuch abdecken.

Tomaten und Äpfel zum Fleisch geben. Mit Salz, Pfeffer und den 3 Majoranzweigen würzen, noch 10 Min. ohne Deckel garen.

► Backofen auf 180° anheizen.

30 g Butter zerlassen. Auflaufform mit Ragout füllen. Rand außen mit Wasser bestreichen.

3 Teigplatte darüberdecken und die Ränder andrücken.

4 Oberfläche mit Butter bestreichen. 1 EL Sesamsamen drüberstreuen.

1

2

3

4

▶ Im Ofen (untere Schiene) 60 Min. backen (Umluft: 150°, 60 Min.). Wenn die Oberfläche zu stark bräunt: nach 45 Min. mit Alufolie abdecken.

Anrichten

In der Form auftragen. Mit einem Löffel die Teigkruste einstechen und verteilen. Ragout daneben auf die Teller geben.

Ideen

- Frische dicke Bohnen gibt es schon im Frühjahr bei uns (Markt oder ausländische Spezialläden). Ersatzweise tiefgekühlte nehmen. Oder: Getrocknete Bohnenkerne (150 g) über Nacht einweichen, 45 Min. ohne Salz vorkochen.
- Ragout mal mit frischen oder getrockneten Aprikosen garen.
- Würzen: Knoblauch, Bohnenkraut, Majoran oder Oregano.
- Weißbrotteig: Gehackte Petersilie oder Leinsamen untermischen. In Streifen schneiden und gitterförmig auf den Auflauf legen. Statt Sesam: Kümmel oder Mohn zum Bestreuen nehmen.
- Kruste aus Baguetteteig: Wie oben, aber ohne Butter gerührt. Dann 10 bis 12 Stunden gehen lassen, so daß er leicht säuert. Nach dem Ausrollen nochmals 30 Min. gehen lassen.

3 Gratins mit Gemüse, Nudeln, Reis und Kartoffeln

Püree in drei Farben

1

2

3

Püree in drei Farben

Hauptgericht komplett.

Pürees aus Kartoffeln, Möhren und Broccoli werden mit Schweinefilet und Frühlingszwiebeln im Ofen gratiniert. Praktisch für Gäste, denn Fleisch und Beilagen kommen in einer Form heiß auf den Tisch.

Auf einen Blick

4 Portionen

Besonderes Gerät: Blitzhacker (Mixer); große, flache Auflaufform.

Dauert insgesamt:	1 Std.
Dabei zu tun:	40 Min.
Herd / Ofen:	45 / 15 Min.

Dazu servieren: grünen Salat, mit Kräutern, kaltgepreßtem Öl und Weißweinessig angemacht.

Weintip: leichter, herber Weißwein oder Rosé.

Pro Portion: 3000 kJ / 710 kcal

Einkaufen

Fleisch:
500 g Schweinefilet

Gemüse:
500 g Kartoffeln (mehligfestkochende Sorte)
500 g Möhren
500 g Broccoli
1 Bund Frühlingszwiebeln

Sonstiges:
150 g geriebener Käse (mittelalter Gouda)
1 EL Mehl
1 + 2 EL Butter
1 EL Öl
Fett für die Form
Salz, Pfeffer, Muskat

Zubereiten

Je 500 g Kartoffeln und Möhren schälen und würfeln.

1 Broccoli (500 g): Röschen abtrennen, Stiele schälen und würfeln.

Jedes Gemüse für sich in Salzwasser garen: Kartoffeln und Möhren je 15 Min., Broccoli 8 Min.

Abtropfen und getrennt mit Blitzhacker oder Mixer pürieren.

Pürees mit je 50 g Käse vermischen, kräftig würzen.

► Backofen auf 225° anheizen.

2 Das Schweinefilet in Scheiben schneiden, salzen, pfeffern und in 1 EL Mehl wenden (überschüssiges abklopfen). 1 Bund Frühlingszwiebeln in 4 cm lange Stücke schneiden.

Große Pfanne: 1 EL Butter mit 1 EL Öl erhitzen und die Filetscheiben auf beiden Seiten kurz anbraten, Frühlingszwiebeln dazugeben und durchschwenken.

3 In eine gefettete Auflaufform füllen, die Pürees drumherum verteilen.

2 EL Butter in kleinen Flöckchen draufsetzen.

► Im Ofen 15 Min. überbacken (Umluft: 200°, 15–20 Min.).

Anrichten

In der Form servieren. Pürees auf Teller verteilen, dazu die Filetscheiben und die Frühlingszwiebeln legen.

Ideen

- Broccoli könnte man durch grüne Erbsen ersetzen (Püree durch ein Sieb streichen, um die harten Schalen zu entfernen).
- Die Gemüsewürfel in Fleischbrühe garen (schmecken dann würziger).
- Nur Kartoffelpüree (aus gut 1 kg) ohne Flüssigkeit bereiten, würzen. Die Menge dritteln. Das erste Drittel »natur« lassen, nur mit etwas Sahne oder Milch verrühren. Das zweite mit gehacktem Spinat (tiefgekühlt), das dritte mit 1 pürierten roten Bete färben.
- 2 EL geriebenen Käse mit 3 EL Sahne verrühren, vorm Gratinieren über Filet und Frühlingszwiebeln geben. Butterflöckchen draufsetzen.
- Statt Schweinefilet: Ausgelöster Lammrücken (Lammfilets), kleine Kalbsschnitzel, Putenfleisch, Hähnchenbrust.
- Schnellgericht: Nur mit Kartoffel- und Erbspüree aus der Tüte zubereiten. Dazu passen auch Kasselerscheiben oder Rostbratwürstchen. Oder Rinderzunge (Aufschnitt).

Kartoffelgratin mit wildem Reis

Üppige Beilage zu kleinen Fleisch- oder Fischgerichten.

Kartoffelscheiben und wilder Reis werden mit Wein-Käse-Sauce überbacken. Als »wilden« Reis bezeichnet man die Samenkörner eines Sumpfgrases, das eigentlich gar nicht zur Reisfamilie gehört. Da die Samen mühselig mit der Hand geerntet werden, ist dieser Reis sehr teuer.

Auf einen Blick

4 Portionen

Besonderes Gerät: Schneebesen oder Handmixer, flache Auflaufform (rechteckig oder oval).

Dauert insgesamt: 70 Min.
Dabei zu tun: 35 Min.
Herd / Ofen: 40 / 25 Min.

Dazu servieren: kleine Steaks, Lamm- oder Lachskoteletts.

Weintip: trockener Weißwein (Riesling wie zum Kochen).

Pro Portion: 2500 kJ / 600 kcal

Einkaufen

Gemüse:
750 g Kartoffeln, festkochende Sorte
1–2 Knoblauchzehen
1 Bund gemischte Kräuter (zum Beispiel Petersilie, Schnittlauch, Dill, Thymian, Salbei)

Sonstiges:
100 g wilder Reis (Feinkostgeschäft; sehr teuer)
¼ l Riesling (Weißwein)
¼ l Fleischbrühe
2 Eier
100 g Crème fraîche
100 g geriebener Käse (Sbrinz, Bergkäse)
50 g Butter
Fett für die Form
Muskat, frisch gerieben
Salz, Pfeffer

Zubereiten

Kleiner Topf: 100 g wilden Reis mit ¼ l Wein und ¼ l Brühe (ohne Salz) zugedeckt 30 Min. leise simmernd garen.

Salzwasser (gut 1 l) aufsetzen. 750 g Kartoffeln schälen und in ½ cm dicke Scheiben schneiden. 5 Min. im kochenden Wasser garen (blanchieren), abtropfen lassen.

Die gemischten Kräuter (ohne harte Stengel) und 1–2 Knoblauchzehen hacken. Mit 2 Eiern, 100 g Crème fraîche und 100 g geriebenem Käse verrühren.

► Backofen auf 200° anheizen.

Garen wilden Reis abgießen, Brühe auffangen und im kleinen Topf sprudelnd auf 150 ml einkochen. Löffelweise unter die Eiermischung quirlen. Mit Salz, Pfeffer und Muskat würzen.

1 Flache Auflaufform fetten und abwechselnd Kartoffelscheiben (wie Dachziegel) und wilden Reis einschichten. Die Wein-Käse-Creme drübergießen. Mit 50 g Butter in Flöckchen belegen.

► Im Ofen (mittlere Schiene) 25–30 Min. backen (Umluft: 175°, 25–30 Min.). Die Oberfläche soll leicht gebräunt, aber nicht ausgetrocknet sein.

Anrichten

Nach Belieben mit kleinen, in Butter gebratenen Petersilienzweigen dekorieren. Mit einem Pfannenmesser portionieren.

1

Ideen

- Wilden Reis durch (preiswerte) Grünkernkörner ersetzen. Vorm Kochen 4–8 Std. in kaltem Wasser einweichen.
- Statt Crème fraîche saure Sahne nehmen (ebenfalls 100 g). An Stelle des würzigen Sbrinz oder Bergkäses: milden Emmentaler oder Schmelzkäse.
- Sie können auch mit tiefgekühlten Kräutern würzen. Oder nur mit Petersilie oder Thymian. Apart: Rosmarin (gemahlen).
- Rohe Kartoffelscheiben (ohne Reis) in die Form schichten, mit eingekochter Reisbrühe übergießen und 45 Min. bei 180° vorbacken. Dann wilden Reis drüberstreuen und mit Sahne und Käse 15 Min. bei 200° überbacken.

1

2

3

Kartoffelsalat mit Käsesauce überbacken

Hauptgericht mit Lammkoteletts.

Witzige Variante des Klassikers. Mal heiß und überbacken, dazu Lammkoteletts.

Auf einen Blick

4 Portionen

Besonderes Gerät: große, flache Auflaufform; große Pfanne.

Dauert insgesamt: 1 Std. 10 Min.
Dabei zu tun: 40 Min.
Herd / Ofen: 40 / 20 Min.

Dazu servieren: für besonders Hungrige Weißbrot oder Baguette.

Weintip: leichter, trockener Rotwein oder ein Ruländer.

Pro Portion: 6300 kJ/1500 kcal

Einkaufen

Fleisch:
6 doppelte Lammkoteletts (vom Fleischer in der Mitte teilen lassen)
100 g durchwachsener Speck

Gemüse:
750 g festkochende Kartoffeln
1 mittelgroße Zwiebel
1 kleine Salatgurke
250 g rote Paprika
1 Zweig Thymian
Wahlweise: 1 Limette (Zitrone)

Sonstiges:
1 + 1 EL Butter
1 gehäufter EL Mehl
1/8 l Weißwein
1/4 l Sahne
1 + 2 EL Öl
3 EL Weißweinessig
5 EL kräftige Fleischbrühe
150 g geriebener Käse
Muskat, frisch gerieben
Salz, Pfeffer

Zubereiten

750 g Kartoffeln mit Schale in Salzwasser kochen. Pellen, in nicht zu dünne Scheiben schneiden.

Während der Kochzeit: Im kleinen Topf 1 EL Butter zergehen lassen, 1 gehäuften EL Mehl drüberstäuben, einrühren und 1/8 l Weißwein, 1/4 l Sahne angießen. Unter Rühren aufblubbern lassen und sparsam mit Salz, Pfeffer und Muskat würzen. Noch 5 Min. ganz sanft simmern lassen.

Die Zwiebel würfeln. 100 g Speck in Streifen schneiden. Beides in kleiner Pfanne in 1 EL Öl anbraten. Mit 3 EL Essig und 5 EL Brühe ablöschen, einmal aufwallen lassen. Heiß über die Kartoffelscheiben löffeln.

1 Salatgurke streifig schälen.

2 Die Gurke längs halbieren, mit einem Teelöffel die Kerne auskratzen. In 1/2 cm dicke Scheiben schneiden. 250 g rote Paprikaschoten in ebenso dicke Streifen schneiden. Beides behutsam unter die Kartoffelscheiben heben. Mit Salz, Pfeffer und Thymianblättchen würzen.

► Backofen auf 220° anheizen.

Die Auflaufform mit 1 EL Butter fetten.

3 Den Kartoffelsalat als Berg in die Mitte füllen.

Geriebenen Käse (150 g) unter die helle Sauce rühren, über die Kartoffeln gießen.

► Auflauf 20 Min. überbacken. (Umluft: 200°, 20–25 Min.)

In dieser Zeit 6 Lammkoteletts in 2 EL Öl bei starker Hitze pro Seite 1 Min. anbraten, danach 5 Min. bei kleiner Hitze nachziehen lassen. Salzen und pfeffern.

Anrichten

Lammkoteletts um den Kartoffelberg in der Form herum verteilen, nach Belieben mit hauchdünnen Limettenscheiben oder Zitronenfilets belegen.

Ideen

- Lammkoteletts mit Olivenöl, zerdrücktem Knoblauch und Thymian einreiben, einige Stunden im Kühlschrank marinieren. Weniger Öl zum Braten verwenden.
- Oder: ganz dünne Rinderschnitzel dazu (zum Beispiel aus Rouladenfleisch geschnitten).
- Statt Gurke: Zucchini. Muß nicht geschält und entkernt werden. Wer es schärfer liebt, gibt noch eine Peperoni dazu.
- Käsesorten: vorzugsweise Greyerzer oder Bergkäse.

Kohlrabi-Gratin mit Nußrouladen

Hauptgericht mit viel Gemüse.

Knollen und Kohlrabiblätter werden gefüllt und als Gratin serviert.

Auf einen Blick

4 Portionen

Besonderes Gerät: Kartoffelbohrer; Schaumlöffel; Mixer, Pürierstab oder Blitzhacker; Kartoffelstampfer; Käsereibe.

Dauert insgesamt: 1 Std. 30 Min.
Dabei zu tun: 50 Min.
Herd / Ofen: 40 / 30 Min.

Dazu servieren: Baguette.

Weintip: kräftiger trockener bis halbtrockener Weißwein.

Pro Portion: 3300 kJ / 790 kcal

Einkaufen

Fleisch:
150 g Zunge (Aufschnitt, nicht zu dünne Scheiben)
8 Scheiben Bacon (Frühstücksspeck)

Gemüse:
4 junge Kohlrabiknollen mit schönen, großen Blättern
200 g Möhren
2 mittelgroße Kartoffeln
2 Knoblauchzehen
½ Kästchen Kresse

Sonstiges:
⅛ l Weißwein
¼ + ⅛ l Fleischbrühe
75 + 75 g Käse (Cheddar, Chester)
1 EL + 100 g Crème fraîche
50 g Haselnüsse (grob gehackt)
1 EL Semmelbrösel
2 Becher Vollmilchjoghurt
Salz, Pfeffer

Zubereiten

Von 4 jungen Kohlrabi die Blätter abtrennen (aufheben) und Wurzelstrunk glattschneiden. Deckel abschneiden.

1 Knollen dünn abschälen und aushöhlen. Inneres und Deckel würfeln, zur Seite stellen.

Großer Topf: Knollen in 2 l Salzwasser 10 Min. kochen, herausheben, umgestülpt abtropfen lassen. Im gleichen Wasser 8 große Kohlrabiblätter (ohne Stiele) 2–3 Min. blanchieren, kalt überbrausen.

200 g Möhren würfeln, in ⅛ l Weißwein und ¼ l Brühe 10 Min. zugedeckt kochen. Mit Schaumlöffel herausheben (Sud wird noch gebraucht), im Mixer (Blitzhacker) pürieren.

150 g Zunge und 75 g Käse klein würfeln, unter das Möhrenpüree mischen. Kresse dazu schnippeln. Mit Salz und Pfeffer würzen.

2 Das Püree in die Kohlrabiknollen füllen.

Beide Kartoffeln schälen, würfeln. Mit Kohlrabiwürfeln (dem Ausgehöhlten) im Möhrensud 15 Min. zugedeckt garen. Sud in die Auflaufform abgießen.

1

2

3

4

5

3 Gemüsewürfel mit dem Kartoffelstampfer vermusen. 1 EL Crème fraîche zugeben, daß ein dickes Püree entsteht. 50 g gehackte Haselnüsse, 1 EL Semmelbrösel einrühren, würzen.

4 Kohlrabiblätter damit füllen, aufrollen und mit Baconscheiben umwickeln.

▶ Backofen auf 200° anheizen.

5 Knollen und Blattröllchen in die Auflaufform setzen, 1/8 l Brühe angießen. Mit Alufolie abdecken.

▶ Im Ofen (mittlere Schiene) 20 Min. backen (Umluft: 175°, 25 Min.). 75 g Käse raffeln.

Sauce: 2 Knoblauchzehen mit Salz zerdrücken. Einige kleine Kohlrabiblättchen feinnudelig schneiden. Mit 2 Bechern Joghurt und 100 g Crème fraîche verrühren. Mit Pfeffer und Salz abschmecken.

▶ Alufolie abnehmen, geraffelten Käse über die Knollen streuen. Weitere 10 Min. gratinieren.

Anrichten

Kohlrabi und Röllchen auf Teller verteilen, die kalte Sauce seitlich angießen. Dekorativ: kurz blanchierte Kohlrabiblätter druntermischen.

Ideen

- Statt Zunge ein anderes feines, bereits gegartes Fleisch, zum Beispiel Putenbrust, geräucherte Gänsebrust . . . oder sogar Räucherlachs.
- Das Prinzip läßt sich auf alles übertragen, was sich als Knolle und Blatt füllen läßt. Zum Beispiel Sellerieknollen und Mangoldblätter, Navets (weiße Rüben) und Wirsing oder Rotkohl, Chinakohl.
- Statt Haselnüssen: eingeweichte, gehackte Trockenpilze. Dann vielleicht noch Semmelbrösel unter die Füllung mischen.
- Oder: Pecannüsse, grob gehackte Pistazienkerne.

Linsen mit Schafkäse

1

2

3

Rote Linsen mit Schafkäse

Fleischloses Hauptgericht.

Gratin mit roten Linsen, der etwas griechisch angehaucht ist.

Auf einen Blick

4 Portionen

Besonderes Gerät: Sieb zum Abtropfen; Zitronenpresse; flache Auflaufform.

Dauert insgesamt: 1 Std.
Dabei zu tun: 35 Min.
Herd / Ofen: 20 / 25 Min.

Dazu servieren: kleinen Salatteller mit Frühlingszwiebeln und Gurken.

Weintip: leichter trockener Rotwein oder Retsina (griechischer, geharzter Weißwein).

Pro Portion: 2700 kJ / 640 kcal

Einkaufen

Gemüse:
1 unbehandelte Zitrone
4 kleine Zwiebeln
4 Möhren
4 Stengel Bleichsellerie
2–3 dicke Fleischtomaten

Sonstiges:
500 g rote Linsen (Feinkostgeschäft, Spezialitätenabteilung)
3 EL Olivenöl
150 g Schafkäse (vorzugsweise griechischer Feta)
2 Lorbeerblätter
1 TL Rosmarinnadeln
Fett für die Form
Salz, Pfeffer

Zubereiten

Mittelgroßer Topf: 500 g rote Linsen mit 1 ½ l Salzwasser, 2 Lorbeerblättern, 1 TL Rosmarinnadeln und einem fingerlangen Stück dünn abgeschälter Zitronenschale aufkochen, 5–7 Min. zugedeckt leise simmern lassen. In ein Sieb gießen, abtropfen, Zitrone und Lorbeer entfernen.

1 Die 4 Zwiebeln längs so achteln, daß sie am Wurzelansatz noch zusammenhängen.

2 Möhren (4 Stück) sehr schräg in 2 cm dicke Scheiben schneiden. 4 Selleriestengel in zweifingerbreite Stücke zerteilen.

► Backofen auf 180° anheizen.

Pfanne: 3 EL Öl erhitzen. Zwiebeln leicht anbräunen, Hitze verringern. Möhren- und Selleriestücke etwa 10 Min. mitdünsten. 1 Zitrone auspressen, Saft darübergießen. Alles unter die Linsen rühren, mit Salz und Pfeffer würzen.

3 Tomaten (2–3 Stück) in Scheiben schneiden, mit den Linsen in die gefettete Form einschichten. 150 g Schafkäse darüber zerbröckeln.

► Auf der mittleren Schiene 25 Min. überbacken (Umluft: 150°, 25–30 Min.), bis der Käse karamelfarben gebräunt ist.

Anrichten

Mit einem schmalen Ring aus ganz fein gehackten Sellerieblättchen oder Petersilie, vermischt mit zerdrücktem Knoblauch und abgeriebener Zitronenschale, umstreuen.

Ideen

- Würziger schmecken die Linsen, wenn sie in Gemüse- oder Fleischbrühe gegart werden. Auch gut: mit 1 TL frisch geriebenem Ingwer würzen.
- Nicht ganz griechisch: statt Schafkäse italienischen Mozzarella nehmen. In Scheiben auf dem Auflauf verteilen.
- Im Sommer die grünen Stengel von jungem Knollensellerie dazu verwenden.
- Statt roter Linsen: die üblichen nehmen (längere Garzeit) oder frisch gepalte Erbsen. Auch weiße Bohnen (über Nacht einweichen, 2 Std. kochen).
- Sehr schön: mit 250 g geschälten, aber nicht zerteilten Schalotten an Stelle der Zwiebeln. Unter Schütteln in der Pfanne rundum karamelisieren.

Griechische Erinnerung

Griechische Erinnerung

Hauptgericht aus vielen Zutaten.

Der Titel verrät schon, daß es sich hier nicht um ein landestypisches Gericht handelt. In diesem Gratin werden die besten Zutaten der griechischen Küche zu einem neuen Auflauf vereint.

Auf einen Blick

4 Portionen

Besonderes Gerät: große Pfanne; große, flache Auflaufform.

Dauert insgesamt: 1 Std. 30 Min.
Dabei zu tun: 45 Min.
Herd / Ofen: 35 / 25 Min.

Dazu servieren: Sesamfladenbrot oder Baguette; Tomatensalat mit Zwiebeln.

Weintip: Retsina (geharzter griechischer Weißwein).

Pro Portion: 3500 kJ / 850 kcal

Einkaufen

Fleisch:
350 g Rinderhack

Gemüse:
1 + 2 Zwiebeln
2–3 Knoblauchzehen
4 festkochende Kartoffeln
250 g grüne Bohnen
250 g Zucchini
1 Bund Petersilie
1 unbehandelte Zitrone

Sonstiges:
1 Scheibe Toast (Weißbrot)
2 EL + 350 ml Milch
1 + 1 Eier
1 TL Ouzo (Anisschnaps)
1 + 1 EL Mehl
2 EL Olivenöl
¼ l Fleischbrühe
8–10 fertig gefüllte Weinblätter (lose; oder 1 Dose, 315 ml)
1 EL + 1 TL Butter
4 EL geriebener Greyerzer
Muskat, Zimt, Salz, Pfeffer

Zubereiten

Die Toastscheibe entrinden, mit 2 EL Milch anfeuchten. 1 Zwiebel und 1 Zweig Petersilie hacken. Alles mit 1 Ei, Salz, Pfeffer, 1 TL Ouzo und 350 g Hack verkneten.

1 Zu walnußgroßen Bällchen formen, in 1 EL Mehl wenden.

2 Die 4 Kartoffeln vierteln. 250 g Bohnen halbieren. 250 g Zucchini in Scheiben schneiden. Ein Stück Zitronenschale abschälen. Zwiebeln vierteln. 2–3 Knoblauchzehen hacken.

Große Pfanne: Hackbällchen in 2 EL Öl anbraten. Knoblauch und Zwiebeln mitbräunen. Mit Kartoffeln, Bohnen, Zitronenschale und ¼ l Brühe 15 Min. dünsten.

Zucchini und gefüllte Weinblätter noch 10 Min. miterhitzen.

▶ Backofen auf 200° anheizen.

Kasserolle: 1 EL Butter und 1 EL Mehl aufblubbern lassen. Kräftig rührend 350 ml Milch zugießen. Aufkochen, mit Salz, Pfeffer, Muskat und gut ½ TL Zimt würzen. Vom Herd nehmen.

1 Ei und 2 EL Zitronensaft verquirlen, mit 4 EL Käse unter die Sauce mischen.

Gratinform buttern (1 TL), Pfanneninhalt und Sauce einfüllen.

▶ 25 Min. im Ofen backen (Umluft: 175°, 25 Min.).

Anrichten

Mit gehackter Petersilie und Zitronensaft.

1 

2 

Ideen

- Gemüse: Machen Sie es so wie die Griechen, nehmen Sie, was der Markt bietet.
- Mit Lammhack oder Lammkoteletts probieren.
- Statt Kartoffeln: Reis, mit geschälten, gewürfelten Tomaten vermischt, extra dazu.

Cannelloni »grün-weiß«

1 

2 

3 

4 

Cannelloni »grün-weiß«

Hauptgericht.

Nudelrollen, gefüllt mit Fischfilet und weißer, mit püriertem Gemüse gebundener Sauce.

Auf einen Blick

4 Portionen

Besonderes Gerät: großer Topf; Schaumlöffel; Pürierstab (Handmixer mit Pürierzusatz, Mixer); flache, möglichst rechteckige Auflaufform.

Dauert insgesamt: 1 Std. 25 Min.
Dabei zu tun: 50 Min.
Herd / Ofen: 25 / 35 Min.

Dazu servieren: Radicchiosalat, mit Aceto Balsamico und gutem Olivenöl angemacht.

Weintip: ein »grüner« Weißwein wie Verdicchio, Muscadet oder ein Vinho Verde aus Portugal.

Pro Portion: 3600 kJ / 860 kcal

Einkaufen

Fisch:
400 g Fischfilet (Goldbarsch, frischer Lachs, Scholle)

Gemüse:
1 kleiner Blumenkohl (900 g)
400 g Broccoli
1 Zwiebel
1 Zitrone (Saft)

Sonstiges:
2 EL Butter
1 gehäufter EL Mehl
¼ l Sahne
250 g Cannelloni-Nudeln (ohne Vorkochen zu verwenden)
150 g Mozzarella (oder: 100 g Emmentaler)
Fett für die Form
Salz, Pfeffer, Muskat

Zubereiten

Vom Blumenkohl den Strunk großzügig ausschneiden.

1 Kopf in winzige Röschen zerlegen (sie müssen später in die Cannelloni passen), den Blumenkohlstrunk würfeln. Broccolistiele schälen, klein würfeln. Röschen ebenfalls zerpflücken. Broccoliblättchen für die Sauce aufheben.

Großer Topf: 1 l Salzwasser aufkochen. Blumenkohlröschen 4 Min. blanchieren. Mit Schaumlöffel herausheben, zur Seite stellen. Im gleichen Wasser die Broccolistiele 4 Min. kochen, dann die Broccoliröschen dazu, noch 4 Min. zusammen kochen. Mit Schaumlöffel herausheben.

1 Zwiebel würfeln. Mittelgroßer Topf: 2 EL Butter erhitzen, die Zwiebelwürfel drin glasig anschmurgeln. 1 gehäuften EL Mehl drüberstäuben. ½ l Blanchierbrühe abmessen, aufgießen und aufkochen. Blumenkohlstrunkwürfel 10 Min. darin köcheln. ¼ l Sahne zugießen, mit Salz, Pfeffer und Muskat würzen. Im Topf mit einem Pürierstab (oder im Mixer) pürieren.

2 Fischfilet in ½ cm breite, kurze Streifen schneiden. In einer Schüssel mit dem Saft der Zitrone beträufeln.

3 Broccoli und Blumenkohlröschen locker untermischen. Die Hälfte der Sauce dazugeben, die Mischung nachwürzen.

► Backofen auf 200° anheizen. Flache Auflaufform fetten.

4 Die Fisch-Gemüsemischung in 250 g Cannelloni-Nudeln füllen, nebeneinander in die Form setzen. Übriggebliebene Füllung drum herum verteilen.

5

5 Broccoliblättchen hacken, unter den zweiten Teil der Sauce rühren. Über die Cannelloni gießen. 150 g Mozzarella in Scheiben schneiden und drauflegen (oder mit 100 g geriebenem Emmentaler bestreuen).

▶ Im Backofen (mittlere Schiene) 35–40 Min. überbacken (Umluft: 175°, 40 Min.).

Anrichten

In der Form auftragen. Nach Belieben noch mit feinstreifig geschnittenen Gemüseblättchen bestreuen.

Ideen

- Man könnte auch mal Kalbshack anstelle von Fischfilet nehmen.
- Wie würde Ihnen eine Kombination aus Kohlrabi (püriert zum Binden der Sauce) und Mangold (Stiele und Blätter in Streifen) gefallen?
- Auch italienische Kräuter wie Thymian, Oregano und Rosmarin (möglichst frische) könnte man sparsam zum Würzen verwenden.
- Wer sich Cannelloni ohne Tomaten nicht vorstellen kann: 1 kg vollreife Fleischtomaten, gehäutet und entkernt, statt Blumenkohl.

4

Gratins mit Fisch und Meeresfrüchten

1

2

Steinbutt auf Weizenrisotto mit Erbsen und Krabben

Komplettes Hauptgericht.

Die Zubereitung des Weizenrisottos ist ganz einfach, erfordert aber Zeit. Statt des edlen Steinbutts können Sie auch schwarzen Heilbutt in Scheiben dafür nehmen.

Auf einen Blick

4 Portionen

Besonderes Gerät: Schneebesen; große flache Auflaufform.

Dauert insgesamt: 2 Std. (plus 6–8 Std. Einweichzeit)
Dabei zu tun: 1 Std. 30 Min.
Herd / Ofen: 60 / 20 Min.

Dazu servieren: beliebigen Blattsalat (Frisee-, Romana- oder Endiviensalat, Eichblattsalat) mit Knoblauch-Olivenölsauce.

Weintip: kräftiger trockener bis halbtrockener Weißwein (Riesling) oder leichter Rotwein.

Pro Portion: 2500 kJ / 600 kcal

Einkaufen

Fisch:
4 dicke Scheiben Steinbutt (oder Heilbutt)
150 g frische Krabben

Gemüse:
3 Frühlingszwiebeln
150 g Erbsen (frisch ausgepalt oder tiefgekühlt)
2 Stengel Petersilie

Sonstiges:
2 Tassen Weizenkörner (250 g) aus dem Reformhaus
2 EL Olivenöl
¾ l leichte Fleisch- oder Gemüsebrühe
2 EL Butter
2 EL Mehl
⅜ l Milch (375 ml)
3 EL Crème fraîche
50 g geriebener fester Käse (italienischer Pecorino)
2 EL Weißwein
Fett für die Form
Salz, Pfeffer

Zubereiten

Weizenkörner in 2 l kaltem Wasser mindestens 6 Std., besser über Nacht einweichen.
In einem Sieb abtropfen lassen.

1 Frühlingszwiebeln in fingerbreite Streifen schneiden.

Mittelgroßer Topf: 2 EL Olivenöl erhitzen. Weizenkörner bei Mittelhitze anbraten, dabei rühren, bis sie kräftig röstig riechen. Frühlingszwiebeln kurz mitbraten. Etwa ½ l Fleischbrühe zugießen, bis die Körner gerade bedeckt sind. Offen 45–60 Min. leise köcheln. Ab und zu umrühren und die restliche Brühe aufgießen, so daß die Körner immer bedeckt sind. Nach 45 Min. probieren, ob der Risotto gar ist. Nachwürzen.

Während der Garzeit: Im kleinen Topf 2 EL Butter zerschleichen lassen, 2 EL Mehl drüberstreuen und aufblubbern lassen. Topf vom Herd nehmen, ⅜ l Milch zugießen, wieder auf die Herdplatte stellen, mit dem Schneebesen quirlend aufkochen. 3 EL Crème fraîche, 50 g geriebenen Käse und 2 EL Wein einrühren, salzen und pfeffern. Warm halten.

► Backofen auf 220° anheizen.

Die 2 Petersilienstengel hacken. 150 g Krabben, 150 g Erbsen und Petersilie zum Risotto geben. Deckel auflegen, Topf zur Seite stellen.

Auflaufform fetten. Mit Weizenrisotto füllen.

2 Steinbuttscheiben trockentupfen, salzen und pfeffern, aufs Risotto legen. Käsesauce drübergießen. In den Ofen schieben.

► 20 Min. überbacken (Umluft: 200°, 20 Min.).

Anrichten

In der Form servieren. Salat dazu oder als eigenen Gang reichen.

Ideen

- Lauch an Stelle der Frühlingszwiebeln nehmen. Risotto mit japanischer Fischsauce würzen – betont noch das Krabbenaroma.
- Wer Weizen nicht mag, nimmt italienischen Risottoreis (Rundkorn »Avorio«; nur 25 Min. garen, sonst wird er pappig).
- Käsesauce: frisch geriebenen Parmesan oder zerdrückten Gorgonzola (sehr pikant).
- Akzentwürze für den Risotto: 3 Nelken, 1 Lorbeerblatt, 1 Zimtstange. Oder mit Curry oder Kurkuma kräftig gelb färben.
- Vorm Gratinieren Sauce mit Sesamkörnern bestreuen. Sieht schön aus, schmeckt nussig.

1

2

3

Seezungen auf Tomaten

Muscheln und Seezungen auf Tomaten, mit Mornaysauce gratiniert

Edler Auflauf mit Fischfilet und Muscheln.

Die Mornaysauce ist ein Klassiker der großen französischen Küche: eine Béchamel, mit Butter und Käse vermischt. Wir haben das Original abgewandelt und leichter gemacht.

Auf einen Blick

4 Portionen

Besonderes Gerät: großer Topf (5 l); feinmaschiges Sieb; große Auflaufform (rund oder eckig).

Dauert insgesamt: 1 Std. 25 Min.
Dabei zu tun: 50 Min.
Herd / Ofen: 40/15 Min.

Dazu servieren: Risotto mit Erbsen und braunen Champignons; Kräuterkartoffeln.

Weintip: trockener Weißwein mit dezenter Säure (Weißburgunder; Pinot Grigio aus Italien – Friaul oder Trentino).

Pro Portion: 3500 kJ / 830 kcal

Einkaufen

Fisch:
750 g Miesmuscheln
500 g Seezungenfilets (Rotzunge)

Gemüse:
2 Möhren
1 Lauchstange
2 Stangen Bleichsellerie
500 g vollreife Fleischtomaten
1 kleiner Zweig Thymian
1 Bund Petersilie

Sonstiges:
125 g Crème double
1/8 l Weißwein
1 + 2 EL Butter (45 g)
1 EL Mehl
2 EL Olivenöl
50 g Parmesan (am Stück)
50 g Emmentaler
2 Lorbeerblätter, 3 Nelken,
5 Pfefferkörner, Salz, Pfeffer

Zubereiten

Möhren, Lauch und Bleichsellerie in kleine Stücke schneiden.

Großer Topf: 1/2 l Wasser mit Gemüse, 2 Lorbeerblättern, 3 Nelken, 5 Pfefferkörnern und 1/2 TL Salz 15 Min. kochen.

1 Die Muscheln (750 g) waschen und entbarten. Tomaten (500 g) im Sud 10 Sekunden überbrühen, häuten, entkernen. Grob würfeln.

Muscheln im Sud 5 Min. zugedeckt kochen. Herausheben (geschlossene wegwerfen). In einer Schüssel zur Seite stellen.

Sud vorsichtig (Sand!) durch ein Sieb gießen. 1/4 l abmessen. Topf säubern, Sud mit 125 g Crème double und 1/8 l Weißwein darin erhitzen.

2 Seezungenfilets zu Schleifen formen und 3 Min. im Sahnesud sachte ziehen lassen. Herausheben, auf einen Teller legen.

Béchamel: In Kasserolle 1 EL Butter mit 1 EL Mehl aufschäumen lassen. Sahnesud aufgießen, unter Rühren aufkochen, bei sanfter Hitze 10 Min. köcheln.

▶ Backofen auf 225° anheizen.

50 g Parmesan und 50 g Emmentaler fein raspeln.

Pfanne: Tomatenwürfel in 2 EL Olivenöl »schmelzen« (schmurgeln, bis sie fast zergehen). Mit Salz, Pfeffer und Thymianblättchen würzen. In die Form füllen.

Sauce: 2 EL Butter und Käse einrühren. Salzen und pfeffern.

3 Seezungen und Muscheln (obere Schale ablösen) auf die Tomaten setzen. Petersilie hakken, drüberstreuen. Mornaysauce darauf verteilen.

▶ 15 Min. gratinieren (mittlere Schiene; Umluft: 200°, 10 Min.).

Anrichten

In der Form servieren. Mit Zitronen und Kräutern dekorieren.

Ideen

- Statt Crème double: 200 g Sahne einkochen lassen.
- Außerhalb der Saison können Sie die Muscheln ganz weglassen.
- Die Muscheln vorm Überbakken mit Flöckchen von Kräuter- oder Knoblauchbutter belegen.

Auflauf aus gefüllten Tintenfischen, Kartoffeln und grünen Bohnen

Hauptgericht für Liebhaber von Meeresfrüchten.

Der Überraschungseffekt, den dieser Gratin beim Auftragen erzielt, lohnt die Mühe. Für die Gästebewirtung äußerst praktisch ist: Die Beilagen werden gleich mit überbacken.

Auf einen Blick

4 Portionen

Besonderes Gerät: Blitzhacker (Mixer, Pürierstab); Pinzette; Zahnstocher (Küchengarn); mittelhohe Auflaufform.

Dauert insgesamt: 1 Std. 30 Min.
Dabei zu tun: 50 Min.
Herd / Ofen: 50 / 25 Min.

Dazu servieren: eventuell noch Baguette.

Weintip: ein spritziger trockener Weißwein (Muscadet, badischer Grauer Burgunder, Riesling aus dem Elsaß).

Pro Portion: 2700 kJ / 640 kcal

Einkaufen

Fisch:
4 mittelgroße Tintenfische (Sepia, Kalmare, je 200 g; eventuell bereits zum Füllen vorbereiten lassen)
100 g Fischfilet (Dorsch, Seehecht, Lachs, Scholle)

Gemüse:
1 kleine Zwiebel oder Schalotte
50 g Champignons
3 Stengel Petersilie
1–2 Knoblauchzehen
500 g kleine Kartoffeln (im Frühjahr natürlich neue)
500 g grüne Bohnen (vorzugsweise Keniaböhnchen)

Sonstiges:
1 + 1 + 2 EL Butter (80 g)
2 EL Crème fraîche
¼ l Weißwein
200 g Mascarpone (italienischer fetter Frischkäse)
Fett für die Form
Salz, Pfeffer, Paprikapulver, edelsüß

Zubereiten

Ganze Tintenfische: Die Fangarme mit Kopf packen und aus dem Körperbeutel (samt Innereien) ziehen. Sepia- oder Knorpelschilde auslösen. Körper auswaschen, trocknen. Die Fangarme in dünne Scheiben schneiden. Köpfe mit Innereien wegwerfen.

Die Zwiebel und 50 g Champignons klein würfeln, 3 Stengel Petersilie und 1–2 Knoblauchzehen hacken.

Schmorpfanne: 1 EL Butter zergehen lassen. Zwiebel, Champignons, Petersilie und Knoblauch mit den kleingeschnittenen Fangarmen darin mäßig bräunen.

Mittelgroßer Topf: Ungeschälte Kartoffeln 20–30 Min. kochen.

1 Fischfilet (100 g) entgräten, würfeln. Im Blitzhacker kurz (also nicht zu fein) pürieren oder mit dem großen Messer hacken, es soll dabei noch ziemlich stükkig bleiben.

Püree in ein Schüsselchen geben, mit angebratenem Gemüse und 2 EL Crème fraîche verrühren, salzen und pfeffern.

2 Diese Masse nicht zu prall in die Tintenfischkörper füllen. Die Öffnungen mit Zahnstochern zustecken (eventuell mit Küchengarn umwickeln).

► Backofen auf 75° anheizen.

Schmorpfanne säubern. 1 EL Butter erhitzen. Tintenfische darin rundum anbräunen. Herausnehmen, mit Alufolie abgedeckt im Ofen (Umluft: 60°) warm halten.

Pfannensatz mit ¼ l Weißwein unter Rühren loskochen, in eine Tasse abgießen (aufheben). Die Pfanne säubern.

Kartoffeln abgießen, schälen. In der Schmorpfanne 2 EL Butter haselnußfarben bräunen, Kartoffeln darin schwenken, salzen und 1 TL Paprikapulver drüberstreuen. Zur Seite stellen.

Mittelgroßer Topf: 2 l Salzwasser aufkochen. 500 g grüne Bohnen putzen, entfädeln. Je nach Dicke 5–10 Min. blanchieren, kalt überbrausen und im Sieb abtropfen lassen.

► Ofen auf 220° stellen, Tintenfische herausnehmen.

3 Auflaufform fetten. Zuunterst die Bohnen verteilen, darauf die Tintenfische setzen, dazwischen die Kartöffelchen anordnen. Bratfond nachwürzen und über alles träufeln. 200 g Mascarpone darüberstreichen.

► Im Ofen 25 Min. überbacken (Umluft: 200°, 25 Min.).

1 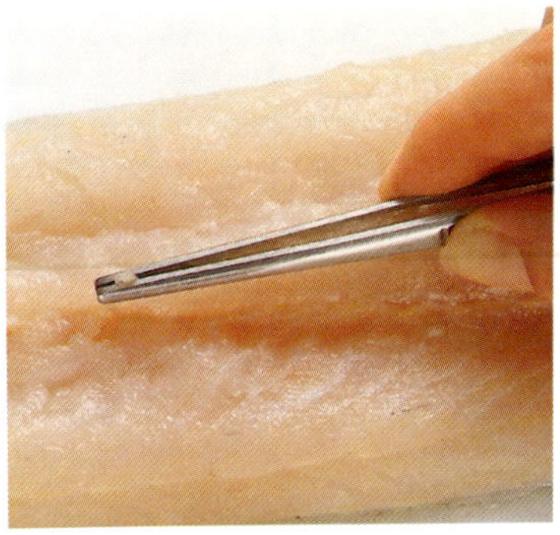

2 

3 

Anrichten

In der Form auftragen. Nach Belieben mit Petersilienblättchen oder Zitronenscheiben verzieren.

Ideen

- Die Portionen sind recht knapp bemessen, weil sie als Mittelpunkt eines Menüs vorgesehen sind. Sonst nehmen Sie die doppelte Menge an Tintenfischen und Füllung (1 mittelgroße Zwiebel, 100 g Champignons, mehr Petersilie und Knoblauch – sofern Sie ihn mögen).

- Als Tintenfische werden sowohl Sepia (mit ovalem bis rundem Körper) als auch Kalmare (mit schlankem, langem Körper) angeboten. Beide Arten sind für dieses Gericht beziehungsweise zum Füllen geeignet. Möglichst rechtzeitig beim Fischgeschäft vorbestellen (dann bereitet man sie sicher auch gern schon vor).

- Sepia vorbereiten: Wollen Sie die »Tinte« (siehe nächste »Idee«) mit verwenden, muß der Körper der Länge nach aufgeschnitten werden. Ziehen Sie die Ränder auseinander, so daß Sie die Sepiaschale herausziehen können. Am Körperende sehen Sie nun den Tintenbeutel mit dunklem Inhalt. Lösen Sie aber zunächst mit dem Daumennagel die Eingeweide heraus (ohne den Tintenbeutel). Dann stülpen Sie den Körper um und drücken die Tinte in ein Schälchen. Zum Füllen müssen die Körper mit Küchengarn wie eine Roulade zusammengebunden werden.

  Kalmare lassen sich noch einfacher vorbereiten: Nachdem Sie sie gründlich gewaschen und ihnen die Haut abgezogen haben, können Sie die ganzen Eingeweide mit einem kräftigen Ruck aus dem Körper ziehen (die eine Hand faßt die Tentakeln, die andere den Hinterleib). Wenn Sie nun die Arme direkt am Ansatz abschneiden, haben Sie gleich die harten Kauwerkzeuge (sind schwarz und hart wie Stein) mit entfernt. Innereien wegwerfen, die Tentakel werden zum Füllen verwendet.

- Ganze, unausgenommene Kalmare (Calamari) gibt es auch tiefgekühlt. Wenn die schwarze »Tinte« im Tintenbeutel (bei den Innereien) frisch, nicht »fischig«, riecht: losgekochten Pfannensatz kurz vorm Gratinieren damit verrühren. Gibt eine leichte Bindung, dunkle Farbe und mehr Fischgeschmack.

- Sie könnten die Tintenfische auch füllen mit: gekochtem Reis, etwas geriebener Zitronenschale und Korinthen; entrindetem (Vollkorn-)Toastbrot, fein gewürfelt und in Butter angebraten; magerem Rinderhack mit eingeweichten, gehackten Butterpilzen.

- Originell: Statt der »gewöhnlichen« Kartoffeln Bataten (Süßkartoffeln) nehmen (in der Schale kochen, etwa gleiche Garzeit).

- Zum Kochen sollten Sie den gleichen Wein verwenden, den Sie später auch dazu trinken. Ein billiger Wein kann Ihnen die ganze Sauce verderben.

- Akzentwürze: Den geschichteten Auflauf mit Thymian und Rosmarin, frischem Bohnenkraut oder Brunnenkresse bestreuen.

- Statt Mascarpone: Doppelrahm-Frischkäse mit einigen Löffeln Sahne cremig rühren, Auflauf vorm Backen mit zerlassener Butter beträufeln. Oder grob geraspelten milden Butterkäse nehmen.

Hummer Thermidor

1

2

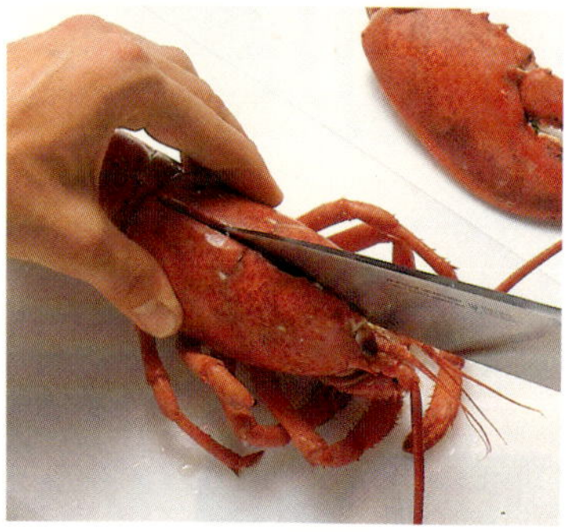

3

4

Hummer Thermidor

Hauptgericht für besondere Anlässe.

Ein Klassiker aus der französischen Küche: Hummer in der eigenen Schale überbacken und serviert. Wiederentdeckt und unserer Küche angepaßt.

Auf einen Blick

4 Portionen

Besonderes Gerät: sehr großer Topf (10 l), in dem beide Hummer Platz haben; großes, stabiles Messer.

Dauert insgesamt: 1 Std. 25 Min.
Dabei zu tun: 40 Min.
Herd / Ofen: 45 / 15 Min.

Dazu servieren: Kräuterreis, Risotto oder Petersilienkartoffeln; Broccoli, gedünsteten Fenchel oder grünen Spargel.

Weintip: trockener, eleganter Weißwein (Riesling, Weißburgunder, Ruländer). Oder säurebetonter Spätburgunder Weißherbst.

Pro Portion: 2800 kJ / 670 kcal

Einkaufen

Fisch:
2 Hummer à 500 g (lebend oder vom Händler frisch gekocht. Vorbestellen)

Gemüse:
500 g grüner Spargel (oder weißer)
3 Schalotten oder kleine Zwiebeln
1 Bund glatte Petersilie

Sonstiges:
1 + 2 EL Butter
2 gehäufte TL Mehl
1/8 l Weißwein (Riesling)
250 g Crème fraîche
1 TL Dijonsenf
100 g Sbrinz oder alter Emmentaler
2 Lorbeerblätter
1 TL Pfefferkörner (bunte)
1 TL Anissamen oder Fenchel
1 Stück Würfelzucker (1 TL Streuzucker)
Salz, weißer Pfeffer

Zubereiten

Sehr großer Topf: 4 l Wasser mit reichlich Salz, 2 Lorbeerblättern, 1 TL zerdrückten Pfefferkörnern, abgeschnittenen Stengeln der Petersilie und 1 TL Anis zugedeckt 15 Min. kochen.

Vom grünen Spargel (500 g) nur das untere Drittel dünn schälen (die Schalen darüber sind zart und müssen nicht entfernt werden). Weißen Spargel bis knapp unter die Köpfe schälen. Stangen auf gleiche Länge schneiden.

1 Beide Hummer – Kopf voran – in den kräftig sprudelnden Sud werfen. 5 Min. kochen, Topf von der Herdplatte nehmen. Noch 10 Min. ziehen lassen.

3 Schalotten fein würfeln. Petersilienblättchen fein hacken. 100 g Sbrinz reiben.

Hummer aus dem Sud heben. Unter einem Küchentuch abkühlen lassen.

Topf: 1 EL Butter mäßig erhitzen, Schalottenwürfel hellblond dünsten. 2 gehäufte TL Mehl darüberstäuben, durchrühren. 1/8 l Wein und 250 g Crème fraîche zugießen. Unter Rühren aufkochen, bei ganz gelinder Hitze 10 Min. simmern lassen.

► Backofen auf 225° anheizen.

2 Mit einem großen, stabilen Messer die Hummer der Länge nach halbieren.

3 Magensack (im Kopfteil) und Darm (Rücken) entfernen. Fleisch auslösen und in Stücke schneiden.

4 Scheren aufknacken (mit Messer oder Küchenbeil anschlagen), Fleisch auslösen. Panzer säubern.

Sauce mit Salz, Pfeffer, 1 TL Dijonsenf und gehackter Petersilie würzen. 2 EL Butter mit dem Schneebesen einschlagen.

Hummerschalen auf ein Backblech oder vier ofenfeste Teller setzen. Je 1 EL Sauce hineingießen. Hummerstücke daraufsetzen, mit restlicher Sauce

übergießen. Geriebenen Käse drüberstreuen.

▶ Im Ofen 15 Min. gratinieren (Umluft: 200°, 15–20 Min.).

Flacher Topf (Spargeltopf): 1 l Salzwasser mit 1 Würfel Zukker aufsetzen. Den Spargel etwa 15 Min. kochen. Abgießen und abtropfen lassen.

Anrichten

Hummerhälften vom Backblech auf (vorgewärmte) Teller setzen. Als Tellergericht mit Spargel und Beilagen servieren.

Ideen

- Thermidor ist der Hitzemonat im Kalender der französischen Revolution (vom 19. Juli bis 17. August). Wer auch immer diesem Rezept den Namen gab: er dachte weniger an die Revolution, sondern daran, daß der Sommer ideale Hummerzeit ist.
- Ebenfalls ein Klassiker: Languste Thermidor (2 Langusten für 4 Portionen).
- Statt Hummer: Pro Person ein Kaisergranat oder Scampi (nicht mit Riesengarnelen verwechseln – bei ihnen läuft der Panzer zum Ende hin spitz zu; Scampi haben einen breiten, hummerähnlichen Hinterkörper).
- Die gefüllten Hummer auf einem Bett aus Risotto mit Broccoliröschen (eventuell in Portionsförmchen) überbacken.
- Hummerfleisch nach dem Auslösen und Zerteilen mit einigen Tropfen Cognac parfümieren.
- Zwischen die Hummerstücke Champignonscheiben legen. Oder nach dem Überbacken mit Trüffelscheiben garnieren.
- Die Sauce noch leichter: Mit gekochtem, püriertem Gemüse (Sellerie; Möhren) binden.
- Wenn Sie die Schalottenwürfel in der Sauce stören: In Butter andünsten, mit Wein etwas einkochen und durch ein Sieb gießen. Crème fraîche dazu, mit Butterkugel binden: 1 EL Mehl mit 1 EL weicher Butter verkneten, zu einer Kugel formen und in der Sauce auflösen.
- Im Frühjahr statt Petersilie frischen Kerbel nehmen (nicht mitkochen). Oder Brunnenkresse. Im Sud noch einige Zitronenscheiben mitkochen. Auch ein (getrockneter) Thymianzweig wäre nicht schlecht.
- Klassische Zubereitung: Bercysauce (Schalotten in Butter dünsten, mit Weißwein und Fischfond aufgießen, einkochen. Dazu helle Sauce aus Fischfond rühren und mit Butter aufschlagen. Gehackte Petersilie einrühren) vermischt mit etwas Béchamel und Senf zum Überbacken.
- Statt grünem Spargel: buntes Frühlingsgemüse (kleine Möhren, Zuckerschoten, geviertelte und zurechtgeschnitzte Kohlrabi) in Salzwasser kochen, abtropfen und in Butter schwenken.

Zarzuela gratiniert

1

2

3
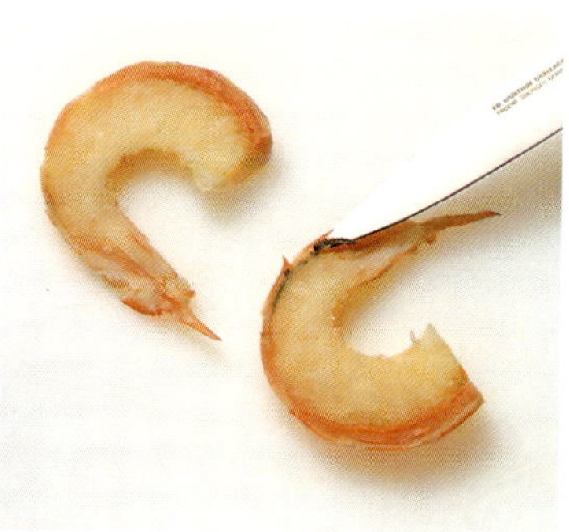

Zarzuela gratiniert

Hauptgericht mit Meeresfrüchten.

Zarzuela, ein katalonischer Fischtopf, heißt übersetzt »Singspiel«. Und deshalb sollten Sie beim Einkauf auch spielerisch auf das tagesfrische Angebot an Meeresfrüchten zurückgreifen.

Auf einen Blick

4 Portionen

Besonderes Gerät: große Pfanne oder Bräter (für Herdplatte und zum Überbacken, sonst flache Auflaufform); Nußreibe.

Dauert insgesamt: 1 Std. 15 Min.
Dabei zu tun: 50 Min.
Herd / Ofen: 20 / 15 Min.

Dazu servieren: Toast oder Baguette (geröstet und mit Knoblauchzehen eingerieben).

Weintip: frischer Weißwein (Vinho Verde, Portugal) oder spanischer Rioja (Rotwein).

Pro Portion: 3100 kJ / 740 kcal

Einkaufen

Fisch:
750 g Miesmuscheln
250 g Scampi oder Riesengarnelen (gekocht)
350 g Seehechtfilet (Rotbarsch)

Gemüse:
750 g vollreife Tomaten
3 Zwiebeln
2–3 Knoblauchzehen
1 Bund gemischte Kräuter
1 unbehandelte Zitrone

Sonstiges:
2 EL Olivenöl
1 + 2 EL Butter
¼ l + 2 EL trockener Weißwein
3 gehäufte EL Semmelbrösel
5 ganze Mandeln
(2 EL geriebene)
10 schwarze Oliven
1 Lorbeerblatt, Salz, Pfeffer

Zubereiten

750 g Tomaten überbrühen, häuten und entkernen. In Stücke schneiden.

1 Miesmuscheln gründlich waschen. Bärte abziehen.

Mittelgroßer Topf: Muscheln in ¼ l Wasser 5 Min. zugedeckt kochen. Muschelfleisch auslösen (geschlossene Schalen wegwerfen). Sud vom Bodensatz abgießen, ⅛ l abmessen. Zur Seite stellen.

2 Scampi aus dem Panzer lösen, längs halbieren.

3 Den dunklen Darm entfernen.

Fischfilet in 3 cm große Stücke schneiden, mit dem Saft einer halben Zitrone beträufeln.

3 Zwiebeln in Ringe schneiden, 2–3 Knoblauchzehen hacken. Fingerlanges Stück Zitronenschale dünn abschälen.

Große Pfanne (Bräter): 2 EL Öl mit 1 EL Butter erhitzen. Zwiebeln und Knoblauch andünsten. Fischstücke und Tomaten zugeben. ¼ l Weißwein, ⅛ l Muschelsud, 1 Lorbeerblatt und Zitronenschale dazu. Ohne Deckel 7 Min. köcheln.

▶ Backofen auf 220° anheizen.

Für die Kruste: 1 Bund Kräuter hacken. 5 Mandeln reiben. Kleine Pfanne: In 2 EL Butter 3 EL Semmelbrösel und Mandeln kurz rösten, zur Seite stellen, 2 EL Wein einrühren.

Muscheln, Scampi, die Hälfte der Kräuter und 10 Oliven unter die Zarzuela mischen. Mit Salz, Pfeffer und dem Saft der restlichen halben Zitrone würzen.

In eine flache Form füllen (oder im Bräter lassen). Geröstete Brösel drüberstreuen.

▶ 15 Min. im Ofen überbacken (Umluft: 200°, 10–15 Min.).

Anrichten

In der Form servieren. Mit Kräutern bestreuen. Eventuell noch Zitronenachtel dazulegen.

Ideen

- Für die Bröselkruste: 2 geröstete Toastscheiben und Petersilie im Blitzhacker pürieren, mit Olivenöl und Sesam vermischen.
- Außerhalb der Muschelsaison: Muscheln aus der Dose (auch Vongole) nehmen oder ganz weglassen.
- Feiner: Jakobsmuscheln (1 pro Person; vom Händler ausgelöst).
- Fischstücke mit altem spanischen Weinbrand flambieren.
- Kräuter: Petersilie (glatte), Majoran und Thymian; Zitronenmelisse oder Pfefferminze.

1

2

3

Crêpes mit Lachsgeschnetzeltem auf Gemüseplatte

Komplettes leichtes Hauptgericht.

Das Richtige für Gemüsefreunde mit einem Hauch von edlem Fisch. Die trickreiche Gemüsegarmethode spart Kochgeschirr und Zeit.

Auf einen Blick

4 Portionen

Besonderes Gerät: Alufolie; flache Bratpfanne (Crêpespfanne); Backpinsel; große flache Form oder feuerfeste Platte.

Dauert insgesamt: 1 Std. 45 Min.
Dabei zu tun: 1 Std.
Herd / Ofen: 50 / 20 Min.

Dazu servieren: Baguette (nach Belieben mit Kräuterbutter bestrichen im Ofen kurz mitgebacken).

Weintip: trockener, fülliger Weißwein; Riesling, Grauer Burgunder (Ruländer), Baden oder Rheinpfalz.

Pro Portion: 3900 kJ / 930 kcal

Einkaufen

Fisch:
200 g Lachsfilet (2 mittelgroße Lachskoteletts)

Gemüse:
2 kleine Fenchelknollen
1 Staude Bleichsellerie
2 mittelgroße Möhren
2 kleine Zucchini
2 rote Paprikaschoten
4 reife Tomaten
1 Knoblauchzehe
1 Zweig Thymian
3 Schalotten (1 Zwiebel)
100 g Champignons
1 Bund Schnittlauch

Sonstiges:
100 g Mehl
⅛ l Milch
2 Eier
1 + 1 + ½ + 2 EL Butter (4½ EL, etwa 70 g)
1 kleine Dose Maiskörner
50 g Edelpilzkäse (Roquefort)
1 EL Olivenöl
250 g Crème fraîche
Salz, Pfeffer

Zubereiten

Crêpes: 100 g Mehl mit ⅛ l Milch, 1 EL zerlassener Butter, 2 Eiern, Salz und Pfeffer verquirlen. 30 Min. quellen lassen.

1 2 Fenchelknollen vierteln. 1 Staude Bleichsellerie quer in dicke Scheiben schneiden. Einige Stücke zur Seite legen. 2 Möhren längs vierteln. Jede Gemüsesorte leicht salzen und pfeffern, getrennt in Alufolie wikkeln. Mit einer Gabel die Päckchen einstechen.

Großer Topf: 2 l Salzwasser aufkochen. Alupäckchen 15 Min. ohne Deckel sprudelnd kochen.

2 Zucchini längs vierteln, würzen und ebenso in Alufolie packen. In den Topf dazugeben, alles noch 5 Min. kochen.

2 Paprika längs halbieren. Kerne und Trennhäute entfernen. 1 Dose Mais abtropfen. 1 Knoblauchzehe hacken. Thymian abzupfen.

Gemüsepäckchen herausheben, abtropfen. Paprikaschoten im Kochwasser 1 Min. blanchieren. Abgetropft mit Mais füllen. 50 g Edelpilzkäse und 1 EL Butter in kleinen Stücken darauf verteilen.

Die 4 Tomaten einschneiden, mit Knoblauch und Thymian füllen. Etwas Olivenöl drüberpinseln.

Alles (auch die Gemüsestücke) in einer Form anrichten, mit dem übrigen Olivenöl bestreichen.

Sauce: Sellerierest, 3 Schalotten und 100 g Champignons hacken. In ½ EL Butter andünsten. 250 g Crème fraîche hinein, 10 Min. köcheln, zur Seite stellen.

► Backofen auf 180° anheizen.

Crêpes: Aus dem Teig in flacher Pfanne mit jeweils ½ EL Butter 4 dünne Pfannkuchen backen.

Schnittlauch schneiden. 200 g Lachs in Streifen schneiden, zur Sahnesauce geben, salzen und pfeffern. Schnittlauch zugeben.

3 Auf jedes Crêpe 1 Löffel Füllung geben, zu Vierteln falten und zum Gemüse legen.

► Im Ofen 15–20 Min. überbakken (Umluft: 150°, 20 Min.).

Anrichten

In der Form. Mit Kräutern oder Frühlingszwiebeln dekorieren.

Ideen

- Crêpes mit 3 EL Sahne, verrührt mit 3 EL geriebenem Gouda, bestreichen.
- Dünne Speckpfannkuchen; mit Lammgeschnetzeltem füllen.
- Gemüsesorten nehmen, die der Markt bietet.

5

Gratins mit Fleisch

ED WÜSTHOF DREIZACKWERK
TRIDENT SOLINGEN GERMANY INOX
ED WÜSTHOF DREIZACKWERK
TRIDENT SOLINGEN GERMANY INOX
ED WÜSTHOF DREIZACKWERK
TRIDENT SOLINGEN GERMANY INOX

Reisgratin mit zwei Curries

Indischer Reisgratin mit zwei Curries und Auberginen

Komplettes Hauptgericht.

Warum nicht Eleganz und Leichtigkeit der indischen Küche mit dem gastgeberfreundlichen Vorteil eines Auflaufs kombinieren? So kann dieses Gericht komplett aus dem Ofen serviert werden.

Auf einen Blick

4 Portionen (oder 6 im Rahmen eines Menüs)

Besonderes Gerät: Blitzhacker (Moulinette) oder Messer; 2 Schmortöpfe (2,5 l); Pfanne; große, flache Auflaufform.

Dauert insgesamt:	2 Std.
Dabei zu tun:	1 Std. 10 Min.
Herd / Ofen:	60 / 15 Min.

Dazu servieren: aufgebackenes Krabbenbrot oder Sesamfladen.

Weintip: leichter Weißwein (Elbling von der Mosel; Gutedel, trocken, aus dem Markgräfler Land, Baden). Oder ein Pils.

Pro Portion: 6000 kJ / 1400 kcal

Einkaufen

Fleisch:
350 g Lammschulter oder Keule (ohne Knochen gewogen)
350 g Hähnchenbrustfilets oder Putenbrust

Gemüse:
3 + 1 mittelgroße Zwiebeln
4 Frühlingszwiebeln
2 mittelgroße Auberginen
1 + 1 rote Chili- oder grüne Pfefferschoten (nach Belieben noch mehr zum Garnieren)
2 + 1 Knoblauchzehen
1 Stück frische Ingwerwurzel (etwa 10 g)
2 unbehandelte Zitronen
1 großes Bund glatte Petersilie

Sonstiges:
10 ungeschälte Mandeln
2 EL Butterschmalz
200 g Crème fraîche
250 g Joghurt (mind. 3,5% Fett)
1 TL Speisestärke
3 EL Tomatenpüree oder 1 Döschen Tomatenmark
1 + 1 + 6 + 1 EL Olivenöl (9 EL, 135 g = gut 1/8 l)
1/4 l leichte Fleischbrühe
3 Tassen Langkornreis
1 Tasse Milch
100 g Erdnußkerne (ungesalzen)
Fett für die Form
Kreuzkümmel (Cumin, etwa 2 TL), Zimtpulver, gemahlene Nelken, Kardamom, Kurkuma, Salz, Pfeffer

Zubereiten

Lammcurry: 10 Mandeln überbrühen, 5 Min. ziehen lassen.

350 g Lammfleisch würfeln. 3 Zwiebeln in Streifen, 1 Chilischote halbieren, entkernen, in Streifen schneiden.

1 Mandeln häuten. Mit 2 Knoblauchzehen und einem walnußgroßen, geschälten Stück Ingwer im Blitzhacker pürieren oder sehr klein würfeln.

1. Schmortopf: In 2 EL Butterschmalz Zwiebeln mit Lamm und Chili andünsten, nicht bräunen. Mandel-Ingwer-Paste, 1 TL Kreuzkümmel und 200 g Crème fraîche zugeben, mäßig salzen und pfeffern.

► Bei sanftester Hitze zugedeckt 1 Std. schmoren. Eventuell Wasser nachgießen.

Hähnchencurry: 350 g Hähnchenbrustfilets in fingerbreite Streifen schneiden. 1 EL Öl mit je 1/2 TL Zimt, Nelken, Kardamom, Salz und Pfeffer vermischen.

1

2

3

4

5

6

2 Fleischstreifen in der Gewürzmischung wenden.

Die 4 Frühlingszwiebeln in dreifingerbreite Stücke schneiden. 250 g Joghurt mit 1 TL Speisestärke glattrühren.

2. Schmortopf: In 1 EL Öl Hähnchenstreifen unter Rühren anbraten. Frühlingszwiebeln dazugeben, kurz mitbraten. Joghurt und 3 EL Tomatenpüree einrühren.

▶ Bei sanftester Hitze zugedeckt 20 Min. schmoren, auf keinen Fall kochen.

1 TL Kurkuma mit 1 TL Salz mischen.

3 Beide Auberginen in Scheiben schneiden, mit Kurkumasalz einreiben. 1 Zwiebel, 1 Knoblauchzehe und 1 Chili (entkernt) hacken.

Große Pfanne: 6 EL Olivenöl erhitzen. Auberginenscheiben auf beiden Seiten anbraten.

4 Herausheben, auf Küchenkrepp entfetten. Öl bis auf einen dünnen Film abgießen. Zwiebel, Knoblauch und Chili darin anbraten. ¼ l Brühe und Saft von ½ Zitrone zugießen, um die Hälfte einkochen. Auberginenscheiben wieder hineinlegen. Warm halten.

Reis: 3 Tassen Langkornreis in einem Sieb mit kaltem Wasser überbrausen. 100 g Erdnüsse grob hacken (kurz im Blitzhakker). Topf: 1 EL Olivenöl erhitzen. Erdnüsse anbraten, ½ TL Kreuzkümmel dazu streuen. Den Reis , 5 Tassen Wasser und 1 Tasse Milch zugeben, salzen. 15 Min. köcheln lassen.

▶ Backofen auf 200° anheizen.

½ Bund Petersilie hacken. 2 EL davon in das Lammcurry rühren, 1 EL unter den Reis.

5 Auflaufform fetten, Reis darin ausbreiten. Auberginenscheiben in der Mitte als schrägen Streifen anordnen.

6 Daneben die Curries über den Reis gießen. Mit restlichen, ganzen Petersilienstengeln und dünnen Zitronenscheiben belegen.

▶ Auf der mittleren Schiene 15 Min. überbacken (Umluft: 175°, 15–20 Min.).

Anrichten

In der Form servieren. Mit längs mehrfach eingeschnittenen Chilischoten oder Schleifen von Zitronenschale garnieren.

Ideen

- Statt der vielen Gewürze: fertige Currymischung. Allerdings ist die bei uns erhältliche dem europäischen Geschmack angepaßt. Besser aus asiatischem Spezialgeschäft.
- Frischer Ingwer ist nicht aufzutreiben? Mit in Sirup eingelegtem oder (notfalls) getrocknetem würzen.
- Zucchini statt Auberginen.
- Noch exotischer schmecken die Auberginenscheiben, wenn Sie an Stelle der Fleischbrühe Kokosmilch aufgießen: Fertige Kokospaste (gibts in der Asienabteilung) nach Vorschrift verdünnen. Oder 100 g Kokosraspel mit gut ¼ l kochendem Wasser überbrühen. 15 Min. ziehen lassen, Brühe absieben (Reste ausdrücken), auf ¼ l ergänzen.
- Gratin vorm Überbacken mit Scheiben von Kumquats (statt Zitronen) belegen.
- Statt Lammfleisch: Hummerkrabben. Aus dem Panzer lösen, den Rücken halb durchschneiden (so daß die Hälften noch zusammenhängen). Den dunklen Darm entfernen.
- Gericht nach dem Gratinieren mit gebackenen Glasnudeln bestreuen (einige Minuten in kaltem Wasser einweichen, gut abtropfen und kurz in reichlich Öl kroß braten).
- An Stelle der Petersilie nimmt man in der asiatischen Küche Koriandergrün. Im Spezialgeschäft frisch kaufen oder im Blumenkasten aus Samenkörnern (Gewürzkörnern) ziehen.
- Typisches Gewürz: Bockshornklee. Aromatischer Samen, der seinen Geschmack erst nach kurzem Rösten in einer trockenen Pfanne entwickelt. Gibt's im Reformhaus oder Naturkostladen.

1

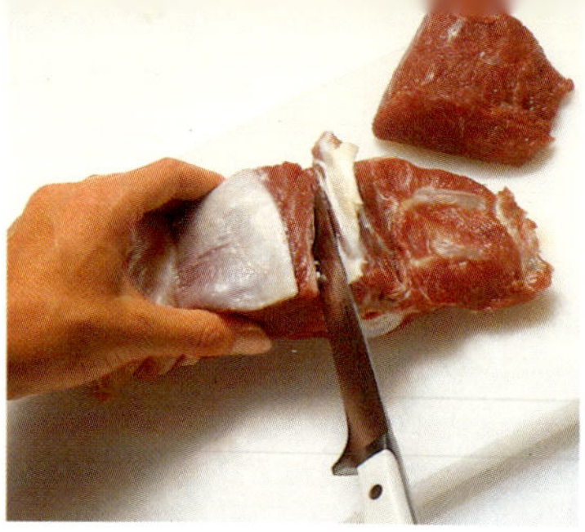

2

3

Bäckerofen mit Filet

Hauptgericht.

Wo immer sich die Alemannen umhertrieben, stets hinterließen sie ihr Lieblingsgericht: einen Kartoffelauflauf mit Fleisch. Früher gaben sie ihn zum Bäcker, der ihn nach den Broten in den noch warmen Ofen schob, daher der eigenwillige Name. Dies Rezept ist die »Edelversion« des sonst recht deftigen Auflaufs.

Auf einen Blick

6 Portionen

Besonderes Gerät: Auflaufform mit fest schließendem Deckel (Bräter; oder tiefe Form mit Alufolie fest abdecken).

Dauert insgesamt: 3 Std. 15 Min. (plus 1 Std. Marinierzeit)
Dabei zu tun: 45 Min.
Herd / Ofen: 5 Min. / 2 Std. 30 Min.

Dazu servieren: bunt gemischten Salat, nach Belieben vorweg.

Weintip: Elsässer Weißwein, Riesling, Sylvaner.

Pro Portion: 3500 kJ / 830 kcal

Einkaufen

Fleisch:
250 g Schweinefilet
250 g Rinderfilet
500 g Lammrücken (mit Knochen)

Gemüse:
2 Knoblauchzehen
3 Zwiebeln
3 Frühlingszwiebeln (oder 1 Stange Lauch)
750 g festkochende Kartoffeln (Sieglinde, Bintje)
250 g Möhren
2–3 Thymianzweige

Sonstiges:
½ l trockener Weißwein (am besten Riesling)
2 EL Butter
1 Lorbeerblatt, Pfefferkörner, Wacholderbeeren, Salz

Zubereiten

Schweine- und Rinderfilet in 2 cm dicke Scheiben schneiden.

1 Lammrücken: Fleischstränge von den Rippenknochen lösen, ebenfalls in Scheiben schneiden. In eine Schüssel legen.

2 Beide Knoblauchzehen fein hacken, je 5 Pfefferkörner und Wacholderbeeren zerdrücken. Mit 1 zerbröseltem Lorbeerblatt und ½ l Wein übers Fleisch geben. 1 Std. (oder auch mehr) im Kühlschrank einziehen lassen.

3 Je 3 Zwiebeln und Frühlingszwiebeln in Streifen, 750 g Kartoffeln und 250 g Möhren in Scheiben schneiden.

Fleisch aus der Marinade heben (Sud mit Gewürzen aufheben).

Kartoffeln, Zwiebeln, Möhren und Fleisch lagenweise in die Form schichten, jede Lage salzen und mit Thymianblättchen bestreuen. Mit Kartoffeln abschließen.

In kleinem Topf die Marinade mit Gewürzen aufkochen, heiß über den Auflauf gießen. 2 EL Butter in kleinen Flocken auf der Oberfläche verteilen. Deckel auflegen (oder mit Alufolie fest verschließen).

► In den kalten (!) Backofen schieben (untere Leiste). Regler jetzt auf 175° stellen (Umluft: 150°). 2 ½ Std. backen. In den letzten 20 Min. Deckel oder Folie abnehmen, damit die Oberfläche bräunt.

Anrichten

In der Form servieren. Mit frisch gehackten Kräutern bestreuen.

Ideen

- Wer einen Tontopf hat, nimmt natürlich diesen. Auf jeden Fall muß der Deckel fest schließen, damit der Dampf nicht entweicht (notfalls Alufolie unter den Deckel legen).
- Die Fleischsorten sind keinesfalls zwingend: Deftig-herzhafter wird der Auflauf mit (preiswertem) Schmorfleisch von Schwein, Rind und Lamm. Gänseschmalz statt Butter nehmen.
- Während der Marinierzeit können Sie die Lammrippen zerkleinern und mit Suppengemüse einen kräftigen Fond kochen. Über den Auflauf gießen.
- Würzen: Auf Knoblauch sollte man keinesfalls verzichten. Statt Thymian: Rosmarin, Majoran.
- Statt Möhren: weiße Rüben (Navets) schälen, in Scheiben schneiden. Oder Petersilienwurzeln, dann gehackte glatte Petersilie statt Thymian.

Königsberger Klopse

Königsberger Klopse, mit Bröseln überbacken

Hauptgericht mit Kartoffeln.

Wer mag sie nicht, die Hackklopse in zitronenduftender Sauce mit Kapern? Gleich mit der Beilage im Ofen zu überbacken ist nicht nur neu, sondern auch praktisch.

Auf einen Blick

4 Portionen

Besonderes Gerät: Küchenreibe (für Brötchen und Zitronenschale); Schaumlöffel; große, flache Auflaufform.

Dauert insgesamt: 1 Std. 30 Min.
Dabei zu tun: 50 Min.
Herd / Ofen: 50 / 20 Min.

Dazu servieren: grünen Salat, zum Beispiel Frisée oder Löwenzahnsalat.

Weintip: trockener Riesling, Mosel oder Nahe.

Pro Portion: 3700 kJ / 880 kcal

Einkaufen

Fleisch:
600 g mageres Rinderhack

Gemüse:
750 g kleine, vorwiegend festkochende Kartoffeln
1 mittelgroße Zwiebel
1–2 Bund Petersilie (je nach Größe)
1 unbehandelte Zitrone
2 Zweige Thymian
1 Zweig Rosmarin

Sonstiges:
1 l leichte Fleischbrühe
1 altbackenes Brötchen
½ + 2 + 2 EL Butter (75 g)
1 Ei
2 EL Mehl
1 EL Kapern (Nonpareilles)
1 EL Dijonsenf
150 g Crème fraîche
Fett für die Form
Salz, Pfeffer

Zubereiten

Kartoffeln (750 g) schälen. Im mittelgroßen Topf in 1 l Brühe 30 Min. zugedeckt kochen.

Von 1 Brötchen die Rinde abreiben (Brösel aufheben), in Wasser 5 Min. einweichen. 1 Zwiebel und ½ Bund Petersilie fein hacken, in ½ EL Butter blond braten. Abkühlen lassen.

Brötchen fest ausdrücken. Mit 600 g Rinderhack, 1 Ei, Zwiebel und Petersilie, 1 TL Salz, Pfeffer in einer Schüssel verkneten.

Form fetten. Kartoffeln mit dem Schaumlöffel aus der Brühe heben, gut abtropfen, in die Form setzen (Brühe im Topf lassen).

Aus Hackteig mit nassen Händen 4 cm große Knödel formen. In der leise siedenden Kartoffelbrühe 10 Min. ohne Deckel garen.

Zitrone: Schale abreiben, Saft auspressen, bereitstellen.

Klopse mit Schaumlöffel aus der Brühe heben, in die Form legen. ½ l Brühe abmessen.

► Backofen auf 200° anheizen.

Kasserolle: 2 EL Butter und 2 EL Mehl aufblubbern lassen. ½ l Kochsud einquirlen. 1 EL Kapern, 1 EL Senf, 150 g Crème fraîche, Zitronensaft, Thymian und Rosmarin zugeben.

1 Einkochen, bis die Sauce dick den Löffel überzieht. Jetzt erst salzen und pfeffern. Über Kartoffeln und Klopse gießen.

1

Rest der Petersilie hacken. Mit Zitronenschale und Bröseln über den Auflauf streuen. 2 EL Butter in Flocken drauf verteilen.

► 20 Min. im Ofen überbacken (Umluft: 175°, 20 Min.).

Anrichten

In der Form auftragen. Mit ausgebackener Petersilie verzieren.

Ideen

- Fein: Kalbshack. Fleisch selbst durchdrehen oder im Blitzhacker pürieren.
- Statt Hackfleisch: Fischfilet, im Blitzhacker püriert (gleich die gewürfelte Zwiebel mithacken). Mit Brötchen und Ei vermischt gut kühlen, mit 2 Eßlöffeln Nokken formen und sachte garen.

Moussaka mit Okra

Moussaka mit Okraschoten und Ziegenkäse

Hauptgericht.

Moussaka, von dem es ungezählte Variationen (und Schreibweisen) gibt, stammt aus dem Vorderen Orient. Außer Auberginen nehmen wir noch Okraschoten (auch »Ladyfingers« oder »Gumbos« genannt) dazu, die die Sauce schön sämig machen.

Auf einen Blick

4 Portionen

Besonderes Gerät: große Pfanne; mittelhohe Auflaufform.

Dauert insgesamt: 1 Std. 20 Min.
Dabei zu tun: 40 Min.
Herd / Ofen: 15 / 30 Min.

Dazu servieren: Sesamfladenbrot, Tomaten-Bohnen-Salat.

Weintip: kräftiger Rotwein, zum Beispiel aus Korsika (Vin de Corse) oder ein Côtes du Rhône.

Pro Portion: 2400 kJ / 570 kcal

Einkaufen

Fleisch:
500 g Lammfleisch (Schulter, Nacken; ohne Knochen)

Gemüse:
2 mittelgroße Auberginen (500 g)
3 Fleischtomaten (500 g)
250 g Okraschoten (kleine, etwa fingerlange) oder Zucchini
2 Zwiebeln
1 Knoblauchzehe
1 Zweig Thymian

Sonstiges:
1 + 6 EL Olivenöl
2 EL Mehl
150 g Ziegen- oder Schafkäse
1 EL Butter
Muskat
Salz, Pfeffer

Zubereiten

1 Auberginen längs in Scheiben schneiden. Salzen, aufeinander legen. 15 Min. ziehen lassen.

3 Fleischtomaten überbrühen, häuten, entkernen und würfeln.

2 Okras (250 g) waschen, trocknen, Spitzen und Stielansätze abschneiden.

Lammfleisch (500 g) in bleistiftdicke Streifen schneiden. 2 Zwiebeln in Streifen, 1 Knoblauchzehe in kleine Würfel schneiden.

1 

2 

Große Pfanne: Lammstreifen in 1 EL Öl anbraten, herausheben. Zwiebeln und Knoblauch leicht anbräunen. Zur Seite stellen.

► Backofen auf 180° anheizen.

Auberginenscheiben mit Küchenkrepp trocknen. In 2 EL Mehl wenden. In zwei Portionen mit jeweils 3 EL Olivenöl braun braten, auf Küchenkrepp entfetten.

Im Fettrest der Pfanne Okras und Tomatenwürfel kurz durchrühren, salzen, pfeffern, Muskat drüberreiben und die Thymianblättchen dazuzupfen.

Form schichtweise mit Lamm, Tomaten, Okras füllen, darauf als letzte Schicht Auberginen legen.

Darauf kommt der Ziegenkäse in Scheiben, schließlich noch 1 EL Butter in Flocken.

► Im Ofen (mittlere Schiene) 30 Min. überbacken (Umluft: 150°, 30–35 Min.).

Anrichten

In der Form auftragen. Vielleicht mit Minzblättchen garnieren.

Ideen

- Statt Okras: Zucchini (gestiftelt), grüne Bohnen (10 Min. kochen), Paprika. Oder Möhren.
- Statt Auberginen: Zucchini. Oder kurz blanchierte Kartoffelscheiben.
- Akzentwürze: Koriander; Chilischote; Ingwer (frisch); Zitronensaft und wenig Schale.

1

2

Kalbsnieren auf Mangold

Kalbsnieren auf Mangold, mit Haselnußbutter überbacken

Hauptgericht.

Ein ebenso hübsches wie einfaches Gericht, das allerdings gleich nach der Vorbereitung gratiniert werden sollte.

Auf einen Blick

4 Portionen

Besonderes Gerät: Alufolie; Blitzhacker oder Nußreibe; flache, große Auflaufform.

Dauert insgesamt: 50 Min.
Dabei zu tun: 30 Min.
Herd / Ofen: 15 / 20 Min.

Dazu servieren: Kartoffel- oder Möhrenpüree.

Weintip: nicht zu kräftiger Rotwein (Württemberg, Trollinger oder Schwarzriesling mit Spätburgunder).

Pro Portion: 2900 kJ / 690 kcal

Einkaufen

Fleisch:
2 Kalbsnieren (500 g; beim Metzger vorbestellen)

Gemüse:
750 g Mangold
2 rote Zwiebeln
1–2 Knoblauchzehen
1 Zweig Estragon

Sonstiges:
4 + 1 EL Butter (75 g)
150 g Crème double oder Crème fraîche
100 g Haselnußkerne
Salz, Pfeffer, Muskat

Zubereiten

Beide Kalbsnieren längs halbieren, Fett auslösen. Nieren etwa 20 Min. in kaltes Wasser legen.

1 Mangoldstiele in Stücke, die Blätter in Streifen schneiden. 2 Zwiebeln in Streifen schneiden.

Großer Topf: 1 EL Butter erhitzen, Zwiebelstreifen andünsten. Tropfnassen Mangold (zuerst die Stiele, darauf die Blätter) dazu, zugedeckt 5 Min. dünsten.

► Backofen auf 200° anheizen.

Crème double (150 g) dazurühren, aufkochen und mit Salz, Pfeffer, Muskat und Estragonblättchen würzen.

In die Auflaufform füllen: Stiele und Blattstreifen locker vermischt. Zur Seite stellen.

Kalbsnieren trocknen. 1–2 Knoblauchzehen fein würfeln. Pfanne: 4 EL Butter erhitzen, Knoblauch anbraten, herausnehmen. Nieren in der Knoblauchbutter rundum etwa 7 Min. anbraten. Herausheben, in Alufolie wickeln und 10 Min. im Ofen (Umluft: 150°) ziehen lassen.

Haselnußkerne (100 g) im Blitzhacker nicht zu fein hacken oder mit der Nußreibe grob mahlen. In der Bratbutter kurz aufschäumen lassen.

2 Nieren aus der Folie nehmen, auf den Mangold in die Form setzen. Leicht salzen und pfeffern. Die heiße Haselnußbutter über die Nieren gießen.

► Im Ofen auf der oberen Schiene 10 Min. gratinieren (Umluft: 175°, 10–15 Min.), bis die Butter kräftig brutzelt.

Anrichten

In der Form auftragen. Nieren verteilen, daneben Mangoldgemüse setzen.

Ideen

- Ohne Nieren zubereiten und als Vorspeise servieren.
- Kalbsnieren sollten vor der Zubereitung wenigstens kurz gewässert werden, um sie etwas milder zu machen. Das »Wässern« müssen Sie aber nicht wörtlich nehmen: Buttermilch oder Molke ist sehr gut dafür geeignet.
- Günstiger: Rindernieren. Wie Kalbsnieren putzen und vorbereiten. Oder Putenlebern (Häute und Sehnen entfernen).
- Die Nieren könnte man auch in dünne Scheiben schneiden, kurz und scharf auf beiden Seiten anbraten und so über den Mangold verteilen.
- Statt Mangold: Spinat; Paksoy; Chinakohl; Spitzkohl; Wirsing mit Möhrenstreifen. Nach Belieben auch geviertelte kleine Champignons mit anbraten.
- Akzentwürze: Macis (Muskatblüte, statt Muskat), frischer Kerbel; Liebstöckel und gemahlener Piment; im Mörser zerdrückter Kümmel.
- Das ausgelöste Kalbsnierenfett zum Braten auslassen.

1

2

3

Kalbshaxe mit Orangenfilets

Hauptgericht.

Die Ähnlichkeit mit Osso Buco ist nicht zu leugnen. Und Absicht. Ergänzt durch filetierte Orangen und eine würzige Kräuter-Käse-Knoblauchkruste.

Auf einen Blick

4 Portionen

Besonderes Gerät: Bräter mit Deckel oder große, ofenfeste Schmorpfanne und Alufolie.

Dauert insgesamt: 3 Std.
Dabei zu tun: 50 Min.
Ofen: 2 Std. 40 Min.

Dazu servieren: kleine Hörnchen- oder Bandnudeln oder Risotto.

Weintip: kräftiger, italienischer Rotwein, Chianti oder Sangiovese di Romagna. Oder Weißwein, wenn er auch zum Kochen verwandt wird (Orvieto Secco).

Pro Portion: 2500 kJ / 600 kcal

Einkaufen

Fleisch:
4 Scheiben Kalbshaxe mit Knochen, etwa 5 cm dick (insgesamt 1,2 kg)

Gemüse:
2 Möhren
1 kleine Stange Lauch oder 2 Frühlingszwiebeln
2 Stengel Bleichsellerie oder 1 Stück Knollensellerie (50 g)
1 große Gemüsezwiebel
3–4 Knoblauchzehen
3 reife Fleischtomaten (500 g)
2 unbehandelte Orangen
1 Bund Petersilie
1 Zweig Thymian oder Salbei

Sonstiges:
3 EL Olivenöl
2 EL Mehl
0,1 l trockener Rot- oder Weißwein
0,4 l leichte Fleisch- oder Hühnerbrühe
50 g Parmesan am Stück oder Pecorino
Salz, Pfeffer

Zubereiten

► Backofen auf 220° anheizen. In den Bräter 3 EL Olivenöl gießen, in den Ofen schieben.

1 2 Möhren, 1 Stange Lauch, 2 Stengel Bleichsellerie in Stücke schneiden. 1 Gemüsezwiebel in grobe Würfel zerteilen.

1–2 Knoblauchzehen hacken (nicht durchpressen, sonst werden sie beim Anbraten schwarz).

2 Nur die Stengel vom Petersilienbund hacken. Mit dem zerkleinerten Gemüse in den Bräter legen, etwa 10 Min. im Ofen anrösten (Umluft: 200°, 15 Min.). Zwischendurch einmal umrühren.

3 Haut der 4 Kalbshaxenscheiben mehrmals einschneiden (sonst wölben sich die Stücke beim Braten). Eventuell mit Küchengarn in Form binden. Salzen und pfeffern, in 2 EL Mehl wenden.

Wenn das Gemüse leicht gebräunt ist, salzen, pfeffern, nochmals durchrühren und die Haxenscheiben darauflegen. 10 Min. braten, dann wenden und auf der anderen Seite nochmals 10 Min. braten.

► Ofen auf 150° stellen (Umluft: 120°). 0,1 l Rotwein zugießen und den Deckel auflegen (oder mit Alufolie fest verschließen). 2 Std. bei dieser Temperatur schmoren. Nach und nach 0,4 l Brühe zugießen.

4 Etwa 15 Min. vor Garende: 3 Fleischtomaten brühen, häuten, entkernen, würfeln.

5 Orangen heiß waschen, 1 gehäuften EL Schale abraspeln, zur Seite stellen. Orangen mit scharfem Messer bis ins Fruchtfleisch schälen.

6 Die Fruchtspalten (Filets) zwischen den Trennhäuten herauslösen, dabei den Saft auffangen. Tomatenwürfel, Orangenfilets und Saft zum Fleisch geben.

► Ofen jetzt auf 220° schalten.

Petersilienblätter und 2–3 Knoblauchzehen hacken. 50 g Käse reiben. Thymianblättchen abzupfen. Alles mit Orangenschale vermischen.

Den Deckel vom Bräter nehmen. Die Kräuter-Käse-Mischung über Fleisch und Gemüse streuen.

► 10 Min. überbacken (Umluft: 200°, 10–15 Min.), bis die Kräuter angeröstet sind.

4

5

6

Anrichten

In der Form servieren. Löffelchen für das Mark aufdecken. Oder: Gemüse in eine Terrine schöpfen, die Kalbshaxen (ohne die Kräuterkruste zu beschädigen) obendrauf setzen.

Ideen

- Schmorgemüse würzen mit Majoran oder Oregano, Basilikum, Rosmarin, Lorbeerblatt, 3 Nelken und Pimentkörnern.
- Nach dem Rezept können Sie auch Ochsenschwanz schmoren. Längere Garzeit: bei 100° etwa 5 Stunden. Fest zugedeckt bleibt er so saftig und wird sehr zart.
- Italienische »Gremolata«: geriebene Zitronenschale, gehackte Petersilie und Knoblauch. Zum Überbacken geriebenen Hartkäse druntermischen.
- Schick und extravagant: Vorm Überbacken noch einige geschälte Nordseekrabben unters Gemüse rühren. Dann würde ich keine Orangen, sondern die Filets von einer Pomelo nehmen (normal schälen und in Spalten zerlegen, die feste bittere Haut abziehen).

Strudel mit Ente

1

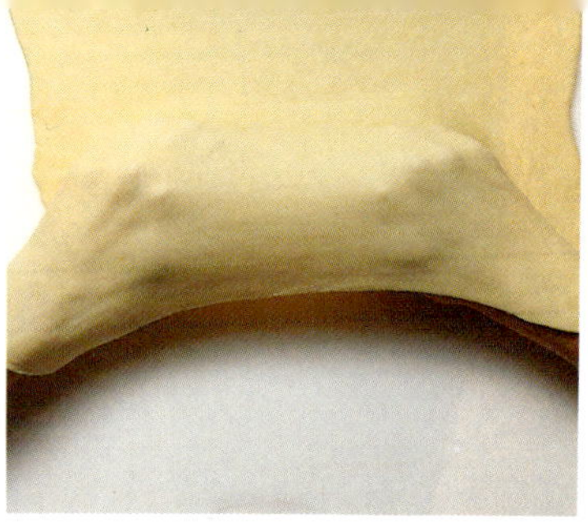

2

3

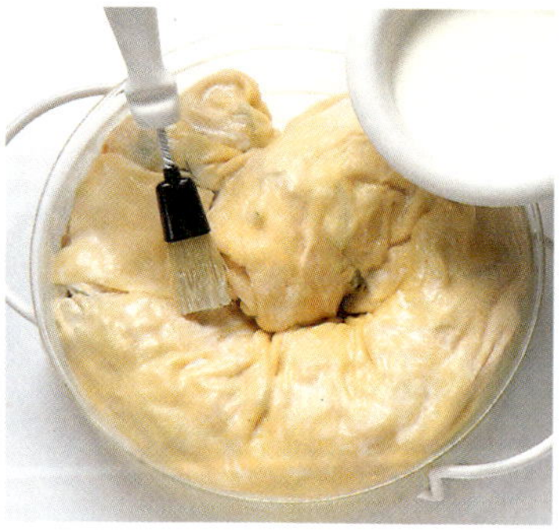

Strudel mit Ente – bayrisch-chinesische Liaison

Hauptgericht für eine größere Runde.

Bayern und Chinesen haben eines gemeinsam: die Geschicklichkeit, hauchdünne Teige herzustellen. Die einen füllen sie süß und nennen es »Millirahmstrudel«, die anderen pikant und sagen »Frühlingsrollen« dazu. Warum nicht von beiden das Beste nehmen?

Auf einen Blick

6 Portionen

Besonderes Gerät: Nudelholz; Küchentuch; große Pfanne (Wok); große runde Auflaufform.

Dauert insgesamt: 1 Std. 45 Min.
Dabei zu tun: 1 Std.
Herd / Ofen: 10 / 60 Min.

Dazu servieren: bunten Salat, mit gehackten Erdnüssen bestreut.

Weintip: leichter Weißwein. Jasmin-Tee.

Pro Portion: 4100 kJ / 980 kcal

Einkaufen

Fleisch:
1 Ente (2 kg) oder: 2 Entenbrustfilets (750 g ohne Knochen)

Gemüse:
1 Bund Frühlingszwiebeln
2 grüne Paprikaschoten
150 g Sojabohnenkeimlinge

Sonstiges:
250 g + ca. 4 EL Mehl
1 Ei
1 + 1 TL + 2 EL Pflanzenöl (40 g)
1 TL Essig
1 EL Speisestärke
1 Dose Bambussprossen
1/10 l Sherry fino
4 EL Sojasauce (salzig)
2 EL Tomatenpüree
1/8 l Sahne
Fett für die Form, Salz
Wahlweise: 1 EL helle Sojasauce

Zubereiten

Schüssel: 250 g Mehl mit 1 Ei, 1 TL Salz, 1 TL Öl, 1 TL Essig und 6 EL Wasser zu einem glatten, seidig glänzenden Teig verkneten. Mit 1 TL Öl bepinseln. In Folie packen, 20 Min. ruhen lassen.

Ente: Fleisch ablösen, in schmale Streifen schneiden. In 1 EL Speisestärke wenden. 1 Bund Frühlingszwiebeln ganz schräg in Stücke, Bambussprossen (abgetropft) in Scheiben, 2 Paprikaschoten in Streifen schneiden.

Große Pfanne: 2 EL Öl stark erhitzen, Entenstreifen unter Rühren anbraten, herausheben und auf Küchenkrepp abtropfen. Frühlingszwiebeln, Bambussprossen, zum Schluß 150 g Sojabohnenkeimlinge anbraten. 1/10 l Sherry, 4 EL Sojasauce und 2 EL Tomatenpüree unterrühren. Pfanne zur Seite stellen.

Arbeitsfläche mit 2 EL Mehl bestäuben, Strudelteig ganz dünn zu einem Rechteck ausrollen.

1 Vorsichtig mit den Handrücken papierdünn ausziehen. Auf ein bemehltes Tuch legen (falls es doch Löcher gegeben hat: mit kleinen Teigstücken vom Rand flicken).

► Backofen auf 180° anheizen.

Gemüse und die Fleischstreifen auf dem Teig verteilen.

2 Strudel mit Hilfe des Tuchs aufrollen.

3 Form fetten, Strudel hineinlegen und mit 2 EL (vom 1/8 l) Sahne bestreichen.

► Knapp 1 Std. backen (mittlere Schiene; Umluft: 150°, 50–60 Min.). Nach 30 Min. dann alle 15 Min. mit restlicher Sahne begießen. Wahlweise zuletzt mit 1 EL heller Sojasauce bestreichen – gibt einen schönen Glanz.

Anrichten

In der Form auftragen. Dazu wahlweise Sojasauce, Sambals oder flüssige Sahne reichen. Zum Servieren von der Mitte her in Stücke schneiden.

Ideen

- Ich würde noch Knoblauch und 1 feingeschnittene Peperoni beim Anbraten zugeben. Schwarze, scharf gewürzte Bohnen (Asienläden) übers Gemüse streuen.
- Statt Paprikaschoten: 2 Bund Frühlingszwiebeln.
- Getrocknete Tongku-Pilze (10 g) 2 Std. einweichen, kleingeschnitten zur Füllung geben.
- Zum Würzen bei Tisch: dünne Peperoni in Ringe schneiden, in Fischsauce (Asienabteilung) marinieren. Dazu servieren.

1

2

3

Kokos-Reisgratin mit Geflügelbällchen und Avocado

Hauptgericht mit Reis.

Elegant, aber ganz leicht. Den Pfiff gibt die Kokosmilch, aus getrockneten Kokosraspeln bereitet, in der der Reis gekocht wird.

Auf einen Blick

4 Portionen

Besonderes Gerät: Blitzhacker (Fleischwolf); Tuch für Kokosraspel; große Pfanne; große flache Auflaufform (oval oder rund).

Dauert insgesamt: 1 Std. 20 Min.
Dabei zu tun: 40 Min.
Herd / Ofen: 30 / 20 Min.

Dazu servieren: Bananen, längs halbiert, mit Curry bestreut und in Butter kurz gebraten.

Weintip: trockener leichter Weißwein (Riesling, oder ein Elbling von der Mosel).

Pro Portion: 3900 kJ / 930 kcal

Einkaufen

Fleisch:
300 g Hühnerbrustfilet (Putenschnitzel)

Gemüse:
1 Staude Bleichsellerie
1 Zwiebel
2 reife Avocados
1 Zitrone
1 Bund Petersilie

Sonstiges:
150 g Kokosraspel
1 EL Crème fraîche
1 Ei (getrennt)
2 EL Semmelbrösel
ca. 2 EL Mehl
2 + 1 + 2 EL Butter (75 g)
180 g Langkorn-Reis
1 TL Korianderkörner,
Salz, Pfeffer

Zubereiten

Kokosraspel (150 g) mit 3 Tassen kochendem Wasser überbrühen. 30 Min. ziehen lassen.

Hühnerbrust (300 g) würfeln, im Blitzhacker pürieren. Mit 1 EL Crème fraîche, 1 Eiweiß und 2 EL Semmelbröseln, Salz und Pfeffer verkneten.

1 Zu walnußgroßen Knödeln formen, in 2 EL Mehl wenden.

Die Staude Bleichsellerie in 3 cm lange Stücke, 1 Zwiebel in Streifen schneiden.

Pfanne: Die Fleischklößchen in 2 EL Butter rundum anbräunen. Dann Zwiebel und Bleichsellerie zugeben, 5 Min. bei mittlerer Hitze dünsten. Mit Schaumlöffel auf Küchenkrepp legen.

Kokosraspel durch ein Tuch gießen, die Kokosmilch auffangen.

2 Raspel fest ausdrücken (aufheben).

Reis (180 g) im verbliebenen Fett in der Pfanne glasig braten, zuletzt 1 TL zerstoßenen Koriander mitrösten. Kokosmilch aufgießen, salzen. 20 Min. ohne Deckel köcheln.

► Backofen auf 200° schalten.

Petersilie hacken. Auflaufform mit 1 EL Butter ausstreichen.

Den gegarten Reis mit Klößchen, Gemüse, gehackter Petersilie und dem Eigelb mischen. In die Form füllen. 2 EL Butter in Flöckchen drauf verteilen.

► Im Ofen (mittlere Schiene) 20 Min. überbacken (Umluft: 175°).

2 Avocados schälen, längs halbieren, Kern auslösen.

3 Längs in Streifen schneiden, mit Zitronensaft beträufeln.

Anrichten

Die Avocadostreifen sternförmig auf dem fertigen Auflauf auslegen, mit einigen Kokosraspeln bestreuen. In der Form servieren.

Ideen

- Für dieses Gericht können Sie auch Natur-Reis nehmen (1 Std. einweichen, 45 Min. kochen. Bei Bedarf Wasser nachgießen).
- Ausgedrückte Kokosraspel in Butter hellbraun rösten, über den fertigen Auflauf streuen.
- Gemüse: Möhrenstreifen; dünne Lauchstangen oder Frühlingszwiebeln.
- Statt Avocado: 1 Mango, in Spalten vom Kern schneiden. Auf dem Gratin sternförmig auslegen.
- Akzentwürze: Zitronengras (Asienabteilung, vorsicht, sehr scharfes Gewürz); Ingwer; Kardamom (zusammen mit Koriander anbraten, damit er sein Aroma entwickelt). Koriander gibt es auch in Apotheken.

Gänsekeulen mit Nußknödeln

1

2

Gänsekeulen auf Paksoy mit Nußknödeln

Komplettes Hauptgericht.

Paksoy ist ein relativ neues Gemüse auf unseren Märkten. Es stammt, der Name läßt es ahnen, aus Asien und schmeckt roh ähnlich wie Rettich, gekocht wie feiner Kohl.

Auf einen Blick

4 Portionen

Besonderes Gerät: große Bratpfanne; Mandelmühle (Blitzhakker); Spitzsieb (ein normales Küchensieb tut's auch).

Dauert insgesamt: 2 Std. 10 Min.
Dabei zu tun: 1 Std. 20 Min.
Herd / Ofen: 80 / 15 Min.

Dazu servieren: grünen Salat mit Sojabohnenkeimlingen oder Kresse.

Weintip: trockener, würziger Rotwein, Côtes du Rhône oder Corbières. Wenn es anspruchsvoller sein soll: ein Châteauneuf du Pape.

Pro Portion: 4300 kJ / 1000 kcal

Einkaufen

Fleisch:
4 frische Gänsekeulen
2 dünne Scheiben fetter Speck

Gemüse:
1 Möhre, mittelgroß
1 dünne Stange Lauch
1 Stück Sellerie (50 g)
oder statt Möhre, Lauch, Sellerie: 2 Bund Suppengrün
3 kleine Zwiebeln
750 g Paksoy (oder: Chinakohl, Romanasalat)
1 Zweig Majoran
1 Zweig Thymian

Sonstiges:
1 EL Gänseschmalz
oder: Butterschmalz
½ l Hühnerbrühe
2 EL Tomatenpüree
100 ml Milch
150 g altbackenes Grahambrot
je 50 g Walnußkerne, Haselnüsse und ungeschälte Mandeln
2 + 1 EL Butter
2 Eier
Fett für die Form
Salz, Pfeffer, Muskat

Zubereiten

Möhre, Lauch, Sellerie, 2 Zwiebeln recht klein würfeln.

Bratpfanne: Gänsekeulen salzen, pfeffern, in 1 EL Gänseschmalz anbraten. Nach dem Umdrehen die Gemüsewürfel zugeben und unter Rühren leicht mit anrösten.

1 Wenn alles gebräunt ist, Pfanne schräg halten und das Fett mit einem Löffel vorsichtig abschöpfen.

½ l Hühnerbrühe und 2 EL Tomatenpüree einrühren, Majoran- und Thymianzweig zugeben.

► Fest zugedeckt 40 Min. schmoren lassen.

100 ml Milch in kleinem Topf erhitzen. Grahambrot (150 g) in kleine Stücke schneiden, mit heißer Milch übergießen.

Je 50 g Walnußkerne, Haselnüsse und Mandeln mahlen.
2 Scheiben fetten Speck und die 1 verbliebene Zwiebel in feinste Würfelchen schneiden.

Kleines Pfännchen: 1 EL Butter zerlassen. Speck- und Zwiebelwürfel darin glasig dünsten, Nüsse dazugeben.

2 Heiß zur Brotmasse gießen.

Die 2 Eier gründlich unterkneten, Masse mit Salz, Pfeffer, einer Prise Muskat würzen. Zugedeckt 20 Min. quellen lassen.

► Ofen auf 100° (Umluft: 75°) anheizen.

Gänsekeulen aus der Pfanne nehmen, mit Alufolie abgedeckt in den Ofen stellen. Bratfond durch ein Spitzsieb gießen, Reste fest ausdrücken. Fond zurück in die Pfanne geben, ohne Deckel auf ⅛ l Flüssigkeit einkochen.

Großer Topf: 2 l Salzwasser aufsetzen.

3 Paksoy (750 g) in Streifen schneiden. Im kochenden Wasser 3 Min. blanchieren, mit Schaumlöffel herausheben, kalt überbrausen. Abtropfen lassen.

4 Aus der Brot-Nußmasse tischtennisballgroße Knödel formen (mit angefeuchteten Händen rund rollen). Im Blanchierwasser 10 Min. köcheln lassen.

► Backofen auf 220° schalten, die Gänsekeulen herausnehmen.

Form fetten. Zuerst den Kohl einfüllen, darauf die Gänsekeulen schichten.

3

4

5

6

5 Knödel mit Schaumkelle aus dem Wasser heben, abgetropft zwischen die Gänsekeulen setzen.

6 Bratfond mit 2 EL Butter aufschlagen (Sud kräftig kochen, die Butter in Stückchen mit dem Schneebesen unterrühren). Über Fleisch und Knödel gießen.

▶ Im Ofen (mittlere Schiene) 15 Min. überbacken (Umluft: 200°, 15 Min.).

Anrichten

In der Form. Nach Belieben mit gehackten Kräutern bestreuen.

Ideen

- Gänsekeulen gibt es einzeln nur in speziellen Wild- und Geflügelgeschäften. Sonst 1 Gans kaufen, in Keulen und Schenkel zerteilen. Aus den Knochen die benötigte Brühe kochen.
- Statt Gänsekeulen: Schenkel von Hühnern oder Enten (30 Min. Schmorzeit).
- Geeignete Gemüsesorten: zarter Sommerwirsing, Romanasalat, Broccoli, Mangold (Stiele und Blätter), Spinat oder Lauch.
- Akzentwürze: Estragon, Salbei, frisch geraspelter Ingwer, Kardamom-Körnchen (nur eines davon, erst zum Schluß in die Sauce geben).

Dinkel-Timbale mit Taubenragout

Hauptgericht für besondere Anlässe.

Mit Timbale bezeichnet man eigentlich becherförmige, mit Ragout gefüllte Pasteten. Hier besteht der »Teigmantel« aus gegartem Dinkel, einer sehr alten Form des Weizens, in Reformhäusern, Naturkostläden oder Vollwert-Abteilungen erhältlich.

Auf einen Blick

4 Portionen

Besonderes Gerät: große Pfanne; schüsselförmige, halbrunde Auflaufform (20 cm Durchmesser).

Dauert insgesamt:	2 Std.
Dabei zu tun:	55 Min.
Herd / Ofen:	60 / 40 Min.

Dazu servieren: grünen Salat.

Weintip: trockener bis halbtrockener Weißwein, Weißburgunder oder Ruländer.

Pro Portion: 3600 kJ / 860 kcal

Einkaufen

Fleisch:
4 frische Tauben

Gemüse:
6 Schalotten (3 Zwiebeln)
100 g Pfifferlinge (Champignons)
1 Zweig Rosmarin

Sonstiges:
300 g Dinkel (Körner)
2 + 1 EL Butter
½ l Hühnerbrühe
100 g fester Käse (Kernhem)
2 Eier
1 EL Semmelbrösel
2 EL Sonnenblumenöl
¹⁄₁₀ l Sahne
1 Döschen Safran (Fäden)
Salz, Pfeffer

Zubereiten

Mittlerer Topf: 300 g Dinkelkörner in 2 EL Butter nussig rösten. Safran und ½ l Brühe zugeben, zugedeckt 30 Min. köcheln, auf abgeschalteter Herdplatte 15 Min. ausquellen lassen.

1 Tauben entbeinen, Fleisch in Stücke schneiden. 6 Schalotten vierteln, 100 g Pilze putzen.

► Backofen auf 120° schalten.

Halbrunde Form buttern (1 EL), mit 1 EL Bröseln ausstreuen. 100 g Käse reiben. Dinkelbrühe abgießen. 50 g Käse und 2 Eier unter die Körner rühren. Mit ¾ der Masse die Form auskleiden, im Backofen warm stellen.

► Backofen auf 180° schalten.

Große Pfanne: Taubenwürfel in 2 EL Öl anbraten, herausnehmen. Schalotten und Pilze anbräunen. ¹⁄₁₀ l Sahne zugießen. Fleisch hineinlegen, mit Salz, Pfeffer, Rosmarin würzen.

2 Ragout in die Dinkelform füllen. Den restlichen Dinkel als Deckel obendrauf streichen.

► 35 Min. backen (mittlere Schiene; Umluft: 160°, 30 Min.). Form etwas abkühlen lassen.

3 Vorsichtig stürzen. Restlichen Käse (50 g) draufstreuen, 5 Min. im Ofen überbacken.

Anrichten

Mit Paprikastreifen bestreuen.

Ideen

- 4 kleine Auflaufformen nehmen. Füllen, aber nicht stürzen.
- Mit etwas Curry würzen.
- Statt frischer Pfifferlinge: getrocknete nehmen.

1

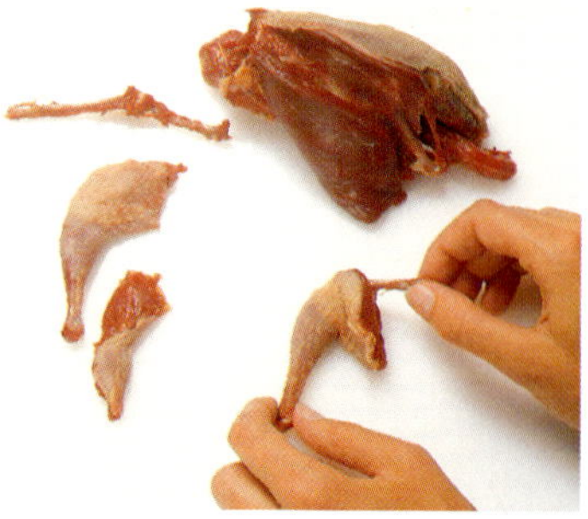

2

3

Fasan in Riesling, auf Kartoffelschnee überbacken

Hauptgericht mit Beilage.

Einfaches, aber elegantes Gericht, das komplett aus dem Ofen serviert werden kann.

Auf einen Blick

4 Portionen

Besonderes Gerät: Geflügelschere; große Pfanne; Kartoffelpresse (Fleischwolf, grobe Scheibe).

Dauert insgesamt: 1 Std. 50 Min.
Dabei zu tun: 60 Min.
Herd / Ofen: 50 / 20 Min.

Dazu servieren: Salat oder Broccoli, in Butter gedünstet.

Weintip: natürlich ein trockener Riesling – aus Baden oder dem Elsaß.

Pro Portion: 4100 kJ / 980 kcal

Einkaufen

Fleisch:
2 junge Fasane (küchenfertig)
75 g durchwachsener Speck

Gemüse:
8 Schalotten oder 4 Zwiebeln
150 g kleine Champignons
750 g mehlige Kartoffeln
1 Thymian-, 1 Rosmarinzweig
1 Bund gemischte Kräuter
2 Knoblauchzehen

Sonstiges:
2 + 1 + 1 EL Butter (60 g)
⅛ l + 2 EL kräftiger Riesling
2 EL Cognac oder Weinbrand
1 Lorbeerblatt
1 gehäufter EL Mehl
3 EL Semmelbrösel
Salz, Pfeffer

Zubereiten

1 Fasane in Schenkel, Brusthälften, Flügel, Rücken zerteilen.

Speck (75 g) in Streifen schneiden. Große Pfanne: In 2 EL Butter Speck anbraten, Fasane zugeben und sachte rundum bräunen.
Schalotten (8 Stück) abziehen. 150 g Champignons putzen. Zum Fleisch geben, 5 Min. mitbraten. ⅛ l Wein und 2 EL Cognac zugießen, mit 1 Lorbeerblatt, je 1 Thymian- und Rosmarinzweig, Salz und Pfeffer würzen. 40 Min. bei kleinster Hitze schmoren.

Nach 20 Min.: 750 g Kartoffeln schälen, vierteln. In Salzwasser kochen.

Mehl (1 EL) mit 1 EL Butter verkneten, zur Kugel formen.

2 Knoblauchzehen mit 1 Bund Kräutern (harte Stiele entfernt) im Blitzhacker pürieren. Mit 2 EL Wein unter 3 EL Brösel rühren.

► Backofen auf 200° anheizen. Form mit 1 EL Butter fetten.

2 Kartoffeln abgießen, mit Kartoffelpresse in die Form drücken. Fasane mit Speck und Gemüse (mit dem Schaumlöffel aus dem Fond heben) draufsetzen. Weinfond aufkochen, Mehlbutter unter Rühren darin auflösen. Über den Gratin gießen, mit Kräuterbröseln bestreuen.

► 20 Min. gratinieren (mittlere Schiene; Umluft: 200°, 15 Min.), bis die Brösel gebräunt sind.

Anrichten

In der Form servieren. Mit Kräuterzweigen garnieren.

1

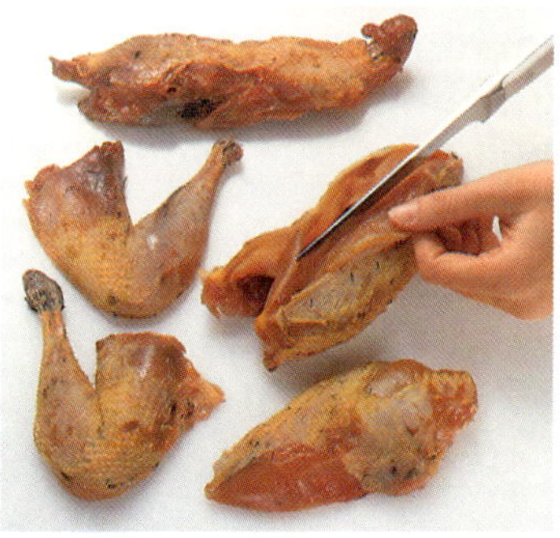

2

Ideen

- Fasane haben von Oktober bis Januar Jagdsaison, gute Wildgeschäfte bieten sie inzwischen fast das ganze Jahr über aus Zuchten an. Sonst eine Flugente von etwa 1,5 kg oder ein Kaninchen nehmen.
- Statt Schalotten: kleine Grillzwiebeln. Oder Zwiebelviertel.

1

2
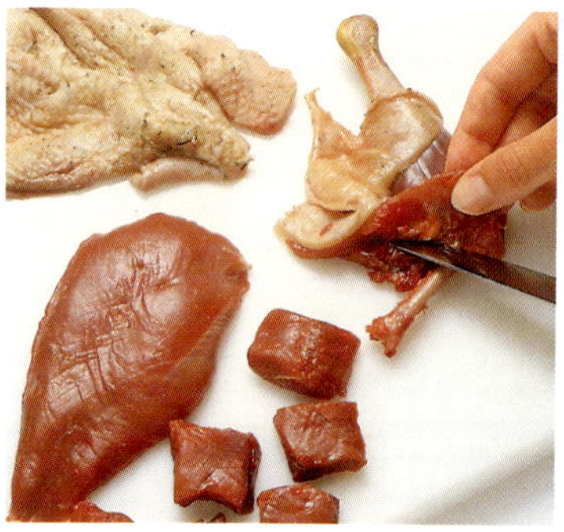

3
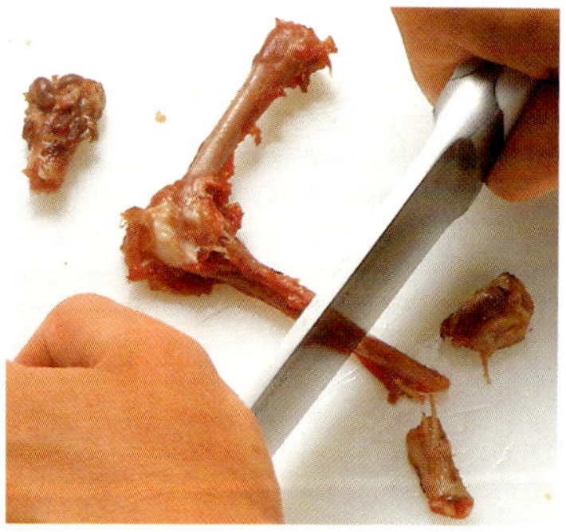

Wildentengratin mit Pilzen, Kartoffelperlen und Artischockenböden

Komplettes Hauptgericht.

Macht etwas Mühe, weil aus den Geflügelknochen ein Fond gekocht wird. Wer es eilig hat, nimmt fertigen Geflügelfond oder gute Hühnerbrühe.

Auf einen Blick

3–4 Portionen

Besonderes Gerät: große Pfanne (mit Deckel); Blitzhacker; Kugelausstecher; kleine Bürste; große flache Auflaufform.

Dauert insgesamt: 2 Std. 20 Min.
Dabei zu tun: 1 Std. 20 Min.
Herd / Ofen: 1 Std. 45 Min.
20 Min.

Dazu servieren: Salatteller (zum Beispiel grüne Bohnen, Radicchio, Fenchel oder Chicoree).

Weintip: edler Spätburgunder (Baden trocken; Teroldego Rotaliano aus Trentino/Italien; Bourgogne Pinot Noir/Frankreich).

Pro Portion: 4600 kJ / 1100 kcal

Einkaufen

Fleisch:
1 Wildente (800 g)

Gemüse:
1 Zwiebel
2 Möhren
1 Stück Sellerie (50 g)
4 große Artischocken
750 g sehr große Kartoffeln
1 Zitrone
1 Bund (glatte) Petersilie
1 Zweig Thymian

Sonstiges:
20 g getrocknete Morcheln
3 EL Madeira (Sherry Oloroso)
1 EL Sonnenblumenöl
2 Scheiben trockenes Toastbrot
100 g alten Gouda oder Cheddar
2 + 2 EL Butter (60 g)
1 EL Butterschmalz
1 EL Tomatenpüree (oder -mark)
1/8 l Crème double (Crème fraîche)
Fett für die Form
3 Nelken, 1/2 Zimtstange, 5 Pfefferkörner, 1 frische oder getrocknete Rosenknospe (wahlweise), Nelkenpfeffer (Piment), Salz, Pfeffer

Zubereiten

1 Morcheln (20 g) abbürsten (Sand!), mit 3 EL Madeira und 1/10 l Wasser übergießen.

2 Wildente enthäuten, das Fleisch von den Knochen lösen und in Stücke schneiden. In Folie gewickelt im Kühlschrank aufbewahren.

3 Entenknochen zerkleinern. 1 Zwiebel, 2 Möhren, 1 Stück Sellerie und nur die Stengel der Petersilie klein schneiden. Zitrone halbieren, aus der Mitte eine Scheibe herausschneiden. Großer Topf: Knochen und Gemüse in 1 EL Öl anrösten. 1 l Wasser zugießen. Zitronenscheibe, 3 Nelken, 1/2 Zimtstange, 5 Pfefferkörner und 1 Rosenblüte dazulegen. 1 Std. ohne Deckel köcheln. 1 l Salzwasser aufsetzen.

4 Artischocken bis zu den Böden mit scharfem Messer schälen. Schnittstellen mit Zitronenhälfte abreiben.

5 Das »Heu« entfernen. Zitronenhälften auspressen, Saft zum Wasser gießen. Artischocken 20 Min. sprudelnd kochen. Im Topf zur Seite stellen.

2 Scheiben Toastbrot entrinden, mit 100 g Käse und Petersilienblättchen im Blitzhacker pürieren.

6 Aus 750 g Kartoffeln mit Kartoffelbohrer Kugeln ausstechen.

Große Pfanne: Kartoffelkugeln in 2 EL Butter unter Umschwenken 7 Min. braten. Salzen, pfeffern. Zugedeckt zur Seite stellen.

► Backofen auf 225° anheizen.

Pfanne säubern. Entenstücke in 1 EL Butterschmalz kurz anbraten, salzen und pfeffern. Pfanne zugedeckt zur Seite stellen.

Entenbrühe in eine Kasserolle sieben. Sprudelnd auf 1/8 l Sud einkochen. Morcheln samt Flüssigkeit, 1 EL Tomatenpüree und 1/8 l Crème double dazu. Kochen, bis die Sauce den Löffel überzieht und dick abtropft. Mit Salz, Nelkenpfeffer und Thymianblättchen würzen. Zur Seite stellen.

Form fetten. Artischocken abtropfen, mit Kartoffelperlen und Entenstücken einschichten. Sauce abschmecken, darübergießen. Mit Käsebröseln bestreuen, 2 EL Butter in Flokken darauf verteilen.

► 20 Min. gratinieren (mittlere Schiene; Umluft: 200°, 25 Min.).

4

5
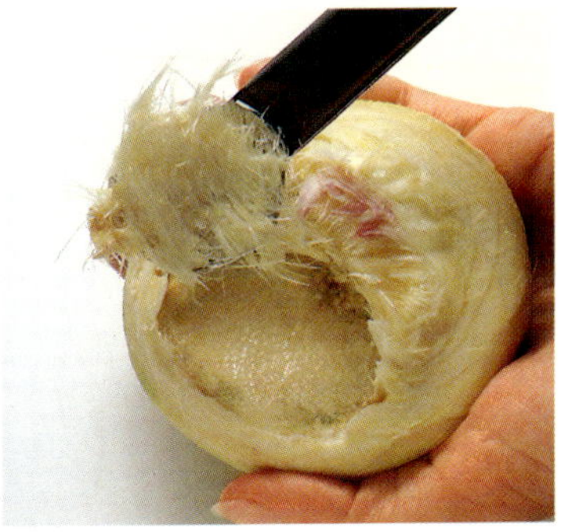

6

Anrichten

In der Form. Noch mit Zitrusschalenschleifen verzieren.

Ideen

- Der Gratin wird zum Schnellgericht, wenn Sie Entenbrustfilet und Artischockenböden aus der Dose dazu verwenden.
- Statt Wildente: ein Maishähnchen (gelbfleischige, mit Mais gemästete Hähnchen; gibt's oft frisch aus Frankreich).
- Frische oder getrocknete Rosenblüten dürfen nicht gespritzt sein. Sonst nehmen Sie ½ TL Rosenöl (finden Sie bei Backaromen. Oder in Apotheken).
- Der Fond wird würziger, wenn Sie ihn mit halb Weißwein, halb Wasser ansetzen. Erst nach dem Einkochen (Reduzieren) salzen, sonst wird er leicht überwürzt.
- Statt Morcheln: Pfifferlinge, Butterpilze, Stockschwämmchen. Oder frische Steinpilze (mit den Ententstücken anbraten).
- Leichter wird die Sauce, wenn Sie sie mit normaler Sahne und einigen fein geriebenen Mandeln (zum Binden) zubereiten.

Eau de
Poire
40%VOL

Salzburger Nockerl

Salzburger Nockerl mit frischem Kirschpüree

Üppiges Dessert oder süßes Hauptgericht.

Die schaumig-luftige Mehlspeise wird mit Kleehonig und rohem Fruchtpüree noch feiner.

Auf einen Blick

4 Portionen

Besonderes Gerät: Mixer (Pürierstab); Zitronenschalen-Reibe; Handrührer (Schneebesen); große, flache Auflaufform; kleines Sieb.

Dauert insgesamt:	1 Std. 5 Min.
Dabei zu tun:	45 Min.
Herd / Ofen:	5 / 20 Min.

Dazu servieren: eventuell noch hauchdünne Schokoblättchen.

Weintip: vollmundiger Weißwein, Riesling oder Traminer (Clevner) Spätlese.

Pro Portion: 1900 kJ / 450 kcal

Einkaufen

Obst:
500 g süße Kirschen (oder: Erdbeeren, Himbeeren)
1 unbehandelte Zitrone

Sonstiges:
1 Blatt Gelatine (weiß oder rot)
8 EL Rotwein oder Kirschsaft
1–2 EL Kirschwasser (wahlweise)
3 + 2 EL Kleehonig (100 g; darf schon auskristallisiert sein)
4 mittelgroße Eier
2 EL Zucker
2 EL Mehl
2 EL Butter
2 TL Puderzucker
½ TL Zimt

Zubereiten

1 Kirschpüree: 500 g gewaschene, gut abgetropfte Kirschen entsteinen. Im Mixer glatt pürieren (eventuell mit Pürierstab in hohem Gefäß; oder durch ein Püriersieb wie »Flotte Lotte« streichen).

Gelatine (1 Blatt) in kaltem Wasser 3 Min. einweichen. Etwa 1 TL Schale von der Zitrone abreiben. Zitrone auspressen.

Gelatine ausdrücken. In 8 EL heißem Rotwein auflösen (darf nicht kochen, sonst verliert sie ihre Bindungskraft).

Kirschpüree mit 1–2 EL Kirschwasser und 3 EL Kleehonig sowie der abgeriebenen Zitronenschale und dem Zitronensaft verrühren.

Aufgelöste Gelatine einrühren. Bis zum Servieren in den Kühlschrank stellen.

► Backofen auf 200° anheizen.

Nockerl: 4 Eier trennen.

2 Eiweiße schlagen. Sobald der Schnee fest-cremig wird, nach und nach 2 EL Zucker einstreuen, weiterschlagen, bis die Masse glänzt. Zur Seite stellen.

Mittelgroße Schüssel: Die 4 Eigelb mit 2 EL Kleehonig kräftig schaumig rühren. Mit flinker Hand 2 EL Eischnee unterrühren, um die Masse zu lockern. 2 leicht gehäufte EL Mehl mit einem Sieb darüberstäuben und mit dem Schneebesen einarbeiten.

3 Übrigen Eischnee darauf füllen und mit dem Schneebesen drehend unter die Eigelbmasse mischen (nicht verrühren).

Butterpfännchen: 2 EL Butter erhitzen, nicht bräunen. Die Auflaufform damit ausgießen, umwenden, daß auch die Seiten gefettet sind.

4 Mit einem großen Eß- oder Servierlöffel dicke Nocken von der Schneemasse abstechen, in die Form setzen.

► Im Ofen (mittlere Schiene) 20 Min. backen (Umluft: 175°, 20–25 Min.).
2 TL Puderzucker mit ½ TL Zimtpulver vermischen.

Anrichten

Form aus dem Ofen nehmen, die Nockerl mit dem Zimtzucker (durch ein kleines Sieb rühren) bestreuen. Kaltes Kirschpüree zwischen die Nockerl gießen oder extra in einer Sauciere reichen.

Ideen

● Fruchtpüree: 500 g Johannisbeeren mit 2 EL Wasser und 2 EL Zucker aufkochen, durch ein Sieb streichen (um Kerne zu entfernen). Mit 2 EL Cassis aromatisieren. Oder: 1 Paket tiefgekühlte gemischte Waldbeeren nehmen.

1

3

2

4

- Interessant finde ich zwei verschiedenfarbige Fruchtsaucen zu den Nockerln. Zum Beispiel neben dem roten Kirschpüree ein grünes aus pürierten Kiwis. Oder aus zwei Melonensorten: Wassermelone (rot) und Honigmelone (gelb). Insgesamt 400 g Obst, bereits fertig vorbereitet, geschält und entkernt, für die Saucen rechnen.
- Die Gelatine gibt der Fruchtsauce mehr Bindung. Sie können sie aber auch weglassen, dann bleibt das Püree flüssiger.
- Lustig zum Bestreuen: statt Zimtzucker bunte Zuckerkristalle in Regenbogenfarben. Oder Schokoladenspäne (mit Kartoffelschäler von Tafel geraspelt) auf den heißen Nocken schmelzen lassen.
- Kleehonig hat einen sehr feinen, dezenten Geschmack. Keinen Waldhonig dazu nehmen, der würde sich zu intensiv durchsetzen. Statt weißem Zucker eignet sich Zuckerrohrgranulat (Reformhaus), das einen karamelartigen Geschmack hat.
- Das normale Mehl kann gut durch Vollkornmehl ersetzt werden, aber vorher sieben, um gröbere Schrotbestandteile zu entfernen.
- Statt die Butter in einem Pfännchen zu schmelzen, können Sie auch die Auflaufform zuvor in den Ofen stellen und die Butter darin zerlaufen lassen.

Birnen-Mohn-Auflauf mit Makronenhaube

Süßes Hauptgericht oder sehr üppiges Dessert.

Eine saftige Mohnmasse auf gedünsteten Birnenschnitzen wird von einer Haselnuß-Baiser-Haube gekrönt.

Auf einen Blick

4 Portionen

Besonderes Gerät: Schalenreißer; Nußreibe (Blitzhacker); Handmixer (Schneebesen); runde Auflaufform.

Dauert insgesamt: 1 Std. 10 Min.
Dabei zu tun: 35 Min.
Herd / Ofen: 30 / 20 Min.

Dazu servieren: Wenn der Auflauf als Hauptgericht serviert wird, eventuell noch eine Weinschaumsauce.

Weintip: trockener bis halbtrockener Weißwein (Ruländer, Müller-Thurgau).

Pro Portion: 3490 kJ / 830 kcal

Einkaufen

Obst:
4 mittelgroße Birnen (Williams Christ, Anjou, Packham's)
1 unbehandelte Zitrone

Sonstiges:
100 g Rosinen (ungeschwefelt)
3 EL Birnengeist oder Likör oder Fruchtsaft
150 g gemahlener Mohn (im Geschäft gleich mahlen lassen)
100 g + 4 + 4 EL brauner Zucker (220 g)
0,2 l Milch
1/8 l Weißwein
1 EL Butter
50 g Haselnußkerne
2 Eier
2 EL Vollkornmehl, Salz
Wahlweise: 1/2 Zimtstange

Zubereiten

Rosinen (100 g) in einem Schüsselchen mit 3 EL Birnengeist übergießen. 10 Min. einziehen lassen.
Mittelgroßer Topf: 150 g gemahlenen Mohn mit 100 g braunem Zucker und 0,2 l Milch auf mittlerer Stufe aufkochen (im Auge behalten, kocht leicht über).

1 Etwa 1 TL Zitronenschale mit dem Schalenreißer abziehen. Die Zitrone auspressen.

Eingeweichte Rosinen, Zitronenschale und die Hälfte des Saftes zum Mohn geben. Auf kleiner Hitze ohne Deckel dick einkochen (das dauert etwa 15 Min., dabei öfter einmal umrühren).

Sirup: In großer Kasserolle 4 EL braunen Zucker mit 1/8 l Weißwein und 1/8 l Wasser (mit 1/2 Zimtstange) aufkochen. Leise simmern lassen.

2 Birnen (4 mittlere) schälen, längs in Spalten schneiden, mit restlichem Zitronensaft beträufeln. Kerngehäuse ausschneiden. Schnitze im Zuckersud 3 Min. ziehen, nicht kochen lassen.

Gratinform mit 1 EL Butter ausstreichen.

3 Birnen abtropfen, in der Form auslegen. Mohnmasse darauf verteilen. Zur Seite stellen.

► Backofen auf 200° anheizen.

Makronenbaiser: 50 g Haselnußkerne mahlen. 2 Eier trennen. Die Eiweiße mit einer Prise Salz in einer mittelgroßen Schüssel mit Schneebesen (Handmixer) steif schlagen, unter ständigem Weiterschlagen nach und nach 4 EL braunen Zucker einrieseln lassen. Geriebene Hasel-

1

2
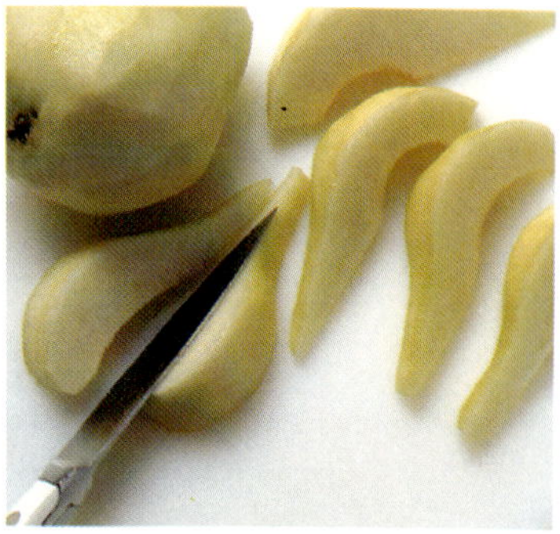

3

nüsse und 2 EL Vollkornmehl darüber streuen und locker untermischen.

4 Makronenmasse auf den Mohn häufen, vorsichtig mit einem Löffel verteilen.

► Im Backofen (mittlere Schiene) etwa 20 Min. (Umluft: 175°, 25 Min.) überbacken, bis die Makronenmasse schön gebräunt ist.

Anrichten

In der Form auftragen. Vielleicht noch mit Pfefferminz- oder Zitronenmelissezweigen dekorieren.

Ideen

- Statt Birnen: Pfirsiche nehmen (passen gut zu Mohn).
- Ungemahlener Mohn: In sauberer Kaffeemühle mahlen. Oder über Nacht mit 0,2 l Milch im Kühlschrank quellen lassen, im Mixer (Blitzhacker) pürieren. Oder zweimal durch den Fleischwolf (feine Scheibe) drehen.
- Es gibt fertige Mohnmasse. Nach Packungsaufschrift zubereiten.
- Vielleicht nehmen Sie einmal Weizen- oder Grünkernschrot statt Mohn. Und Blütenhonig zum Süßen.
- Den Sirup für die Birnen können Sie auch mit Rotwein bereiten (färbt die Schnitze rot) und noch mit Nelken würzen.

Arme Ritter

1

2

3

Arme Ritter auf neue Art

Süßes Hauptgericht oder reiches Dessert.

Klassiker in neuer »Rüstung«: Die abgeriebenen, mit Eiermilch getränkten Brötchen werden auf Apfel-Pflaumenkompott gesetzt und mit Weinschaum überbacken.

Auf einen Blick

4 Portionen

Besonderes Gerät: Reibe; Handmixer (Schneebesen); Wasserbad; runde Gratinform.

Dauert insgesamt: 1 Std. 10 Min.
Dabei zu tun: 40 Min.
Herd / Ofen: 20 / 20 Min.

Dazu servieren: nach Belieben noch Löffelbiskuits.

Weintip: füllig-runden Riesling (möglichst auch zum Kochen verwenden).

Pro Portion: 2900 kJ / 690 kcal

Einkaufen

Obst:
3 feste Äpfel
250 g frische Pflaumen

Sonstiges:
2 + 1 + 2 EL brauner Rohrzucker (5 EL, etwa 80 g)
0,25 l + 0,2 l Weißwein
1–2 EL Sago oder 1 EL Speisestärke
4 altbackene Brötchen (Semmeln, Wecken, Schusterbuben)
1 + 2 Eier
¼ l Milch
1–2 EL Butter
Zimtpulver, Anis, 1 Vanilleschote

Zubereiten

Große Kasserolle: 2 gehäufte EL braunen Zucker mit 1 EL Weißwein (von 0,25 l abnehmen) anfeuchten. Bei mittlerer Hitze langsam nußbraun karamelisieren lassen.

3 Äpfel ungeschält in Schnitze teilen, Kerngehäuse ausschneiden. 250 g Pflaumen entsteinen.

1 Beides zum Karamel geben und unter Schwenken kurz rundum andünsten.

Den Rest von 0,25 l Wein aufgießen, mit Zimt und Anis (je ¼ TL) würzen. 1–2 EL Sago dazustreuen (oder Speisestärke nehmen und mit 3 EL kaltem Wasser anrühren).

10 Min. dünsten lassen.

2 Von 4 altbackenen Brötchen die Kruste abreiben (die Brösel aufheben), längs halbieren. 1 Ei mit ¼ l Milch und 1 EL Zucker verquirlen, über die Brötchenhälften träufeln.

▶ Backofen auf 200° anheizen.

Äpfel und Pflaumen in die Gratinform gießen. Die Brötchen obendrauf setzen. Vanilleschote längs halbieren und das Mark herausschaben.

3 Im heißen Wasserbad 2 Eier mit 2 EL Zucker, 0,2 l Weißwein und Vanillemark dickschaumig schlagen (Handrührer, Schneebesen). Weinschaum um die Brötchen gießen.

▶ Im Backofen (mittlere Schiene) 20 Min. überbacken (Umluft: 175°, 20–25 Min.).

In dieser Zeit die abgeriebene Brötchenkruste mit 1 TL gemahlenem Zimt in 1–2 EL Butter knusprig braun braten.

Anrichten

Form aus dem Ofen nehmen, die Zimtbrösel darüberstreuen und gleich servieren.

Ideen

- Weinschaum ohne Alkohol (für Kinder geeignet): mit hellem Traubensaft bereiten.
- Für den Karamel können Sie natürlich auch normalen weißen Zucker verwenden. Noch raffinierter: mit 1 EL Amaretto verrühren.
- Statt Vanillestange: gemahlene Vanille oder echten Vanillezucker (Reformhaus, Feinkostgeschäft).
- Außerhalb der Saison getrocknete Pflaumen ohne Stein verwenden (150 g genügen davon). Oder frische oder getrocknete Aprikosen (in Apfelsaft mit Zucker kochen).
- Nur die Hälfte der Weinschaumsauce über die Brötchen gießen, die restliche so dazu servieren.
- Abgeriebene Brötchen in Scheiben schneiden, dann mit Eiermilch beträufeln und so auf den Gratin setzen.

1

2

3

Gratinierte Quarknocken mit Zimttrauben

Leichtes süßes Hauptgericht für 4 oder Dessert für 6 Portionen.

Leichte Quarkklößchen auf Trauben, die mit Zimt in Karamel gedünstet wurden. Überbacken mit Kokosbröseln.

Auf einen Blick

4–6 Portionen

Besonderes Gerät: Mörser (Blitzhacker, Nudelholz) zum Zerbröseln des Zwiebacks; Handmixer (Schneebesen); großer flacher Topf; flache runde Gratinform.

Dauert insgesamt: 50 Min.
Dabei zu tun: 40 Min.
Herd / Ofen: 20 / 10 Min.

Dazu servieren: eventuell feine Mandelmakronen.

Weintip: fülliger Weißwein oder eine edle Beerenauslese.

Pro Portion: 1890 kJ / 450 kcal

Einkaufen

Obst:
500 g Trauben (möglichst weiße und blaue gemischt)
Eventuell Minzblättchen oder Zitrone zum Garnieren

Sonstiges:
3 Eier
75 g + 2 EL Butter
1 EL Honig
375 g Magerquark (trocken)
100 g Hartweizengrieß
50 g Mehl
2 EL Zucker
0,1 l heller Traubensaft
3 Zwiebäcke mit Kokos
1 Zimtstange, Salz.
Wahlweise: 1 Sternanis

Zubereiten

Quarknocken: 3 Eier trennen. 75 g weiche Butter schaumig rühren. 3 Eigelb und 1 EL Honig, 375 g Magerquark (trocken, also Molke abgießen), 100 g Grieß und 50 g Mehl mit einer Prise Salz unter die Butter rühren.

3 Eiweiß nicht zu steif schlagen. Unter die Quarkmasse rühren. Etwa 20 Min. zum Quellen auf die Seite stellen.

1 Trauben (500 g) halbieren und entkernen.

Mittlerer Topf: 2 EL Zucker mit 1 EL Wasser anfeuchten und bei mittlerer Hitze nußbraun karamelisieren lassen.

0,1 l Traubensaft aufgießen (aufpassen: spritzt). 1 halbierte Zimtstange (und 1 Sternanis) zugeben. 5 Min. köcheln. Trauben hineingeben und einmal aufwallen lassen. Zur Seite stellen.

▶ Backofen auf 225° anheizen.

Großer flacher Topf: 2 l Wasser mit 1 TL Salz aufsetzen.

2 Quarkmasse mit zwei Eßlöffeln zu Nocken formen. Im siedenden Wasser 10 Min. garen.

3 Zwiebäcke mit Kokos mit dem Blitzhacker zerbröseln, in 2 EL Butter kurz anrösten.

3 Trauben in die Gratinform füllen, die abgetropften Quarknocken daraufsetzen. Zwiebackbrösel darüberstreuen.

▶ Im Ofen (mittlere Schiene) 10 Min. überbacken (Umluft: 200°, 15 Min.).

Anrichten

In der Form auftragen. Wenn vorhanden, mit Minzblättchen oder Zitronenkringeln (Scheiben bis zur Mitte einschneiden, Enden auseinanderziehen) verzieren.

Ideen

- Der Quark für die Nocken muß sehr trocken sein. Eventuell in einem Tuch noch ausdrücken. Wer sichergehen will, formt zunächst einmal einen Probe-Quarknocken und gart diesen in leise siedendem Wasser. Sollte er zerfallen, mischt man einige Semmelbrösel unter die Masse.
- Kleine, kernlose Trauben sparen Arbeit.
- Für die Zimttrauben statt Saft einen guten Weißwein nehmen.
- Für das Kompott können Sie auch Pflaumen, Mirabellen, Stachelbeeren oder Reineclauden nehmen. Auch Aprikosen, Pfirsiche und Nektarinen sind geeignet (entsteinen, vierteln). Eine exotische Fruchtmischung gibt es tiefgekühlt.
- Magerquark nicht durch eine fettere Sorte austauschen, sonst zerfallen die Nocken.

Crêpes mit Krokant

1

2

3

4

Crêpes mit Krokant-creme überbacken

Feines Dessert.

Der Pfiff bei diesem Gratin liegt im selbstgemachten Krokant, der wirklich jedem ganz leicht gelingt.

Auf einen Blick

4 Portionen

Besonderes Gerät: Nudelholz (Teigroller); flache Pfanne (für Crêpes); flache runde oder rechteckige Gratinform.

Dauert insgesamt: 1 Std. 10 Min.
Dabei zu tun: 50 Min.
Herd / Ofen: 20 / 15 Min.

Dazu servieren: eventuell noch leicht gezuckerte Beeren zum Drüberstreuen.

Weintip: gehaltvoller Weißwein (trocken bis halbtrocken).

Pro Portion: 3300 kJ / 790 kcal

Einkaufen

Obst:
500 g süße Kirschen

Sonstiges:
100 g Mandeln
1 TL + 2 EL Butter
75 g + 1 TL + 2 EL Zucker (110 g)
100 g Mehl
¼ l Milch
2 + 2 Eier
250 g saure Sahne
1 EL Honig
2 EL Cognac
Salz

Zubereiten

Krokant: 100 g Mandeln mit kochendem Wasser überbrühen. Häute abstreifen.

1 Kerne nicht zu klein hacken. Flachen Teller (oder Alufolie) mit 1 TL Butter fetten.

Pfanne: 1 EL Butter zerlassen, 75 g Zucker darüberstreuen und auflösen. Mandeln einrühren und rotbraun rösten.

2 Sofort aus der Pfanne auf den Teller gießen. Erkalten lassen.

Crêpes: 100 g Mehl mit ¼ l Milch, 1 TL Zucker, 1 Prise Salz und 2 Eiern verrühren. Den Teig 15 Min. quellen lassen.

▶ Backofen auf 200° anheizen. 500 g Kirschen entsteinen.

3 Krokant vom Teller lösen, zerbrechen (Nudelholz). Unter 250 g saure Sahne, 2 Eier, 1 EL Honig und 2 EL Cognac rühren.

In der (Crêpes-)Pfanne aus dem Teig in je ½ EL Butter 4 dünne Pfannkuchen backen.

4 Auf jeden einen Löffel Krokantsahne geben, zusammenklappen, in die Form legen.

Kirschen darum herum legen. Mit 2 EL Zucker bestreuen. Rest Krokantsahne drübergießen.

▶ 15 Min. (obere Schiene) überbacken (Umluft: 175°, 20 Min.), bis die Krokantsahne karamelfarben gebräunt ist.

Anrichten

Heiß in der Form servieren. Nach Belieben mit Puderzucker überstäuben (oder ein Muster aus Zucker und Zimt draufpudern).

Ideen

- Krokant: auch aus anderen Nußsorten. Zum Beispiel Haselnüssen, Walnüssen, Pecannüssen, Pistazien. Sogar mit (gelbschaligem) Leinsamen oder Sesam.
- Für die Crêpes nehme ich auch mal Weizenvollkornmehl und siebe vorher die Kleie ab.
- Krokantsahne: statt saurer süße Sahne nehmen, steif schlagen. Nur mit Eigelb zubereiten.
- Sahne würzen mit: echtem Vanillezucker; 1 TL geriebener Zitrusschale; Ahornsirup; Apfeldicksaft (Reformhaus).
- Statt Kirschen: Himbeeren (außerhalb der Saison auch tiefgekühlte); Aprikosen (eventuell blanchiert und geschält).

1

2

Reisauflauf mit Orangen und Pistazienschnee

Süßes Hauptgericht für 4 oder Dessert für 6 Portionen.

Milchreis mit Schichten aus Orangenfilets, Sirup aus Orangensaft und Schalenstreifen sowie Eischnee mit Pistazien.

Auf einen Blick

4–6 Portionen

Besonderes Gerät: Handrührer (Schneebesen); Nußreibe; runde Auflaufform mit hohem Rand.

Dauert insgesamt: 2 Std.
Dabei zu tun: 30 Min.
Herd / Ofen: 15 / 80 Min.

Dazu servieren: nach Belieben noch feines Gebäck.

Weintip: vollmundiger Weißwein, badischer Ruländer oder Riesling Spätlese von der Saar.

Pro Portion: 2900 kJ / 690 kcal

Einkaufen

Obst:
6 Orangen (3 davon unbehandelt)

Sonstiges:
3/4 l Vollmilch
200 g Rundkornreis
4 leicht gehäufte EL Himbeergelee oder Aprikosenkonfitüre
2 EL Cointreau
2 EL geschälte Pistazien
2 Eier
2 + 2 + 1 EL brauner Zucker aus Zuckerrohr (75 g)
1 + 1 EL Butter
Salz

Zubereiten

▶ Backofen auf 150° anheizen.

Mittelgroßer Topf: 3/4 l Milch mit 1 Prise Salz aufkochen, 200 g Reis einstreuen. Deckel aufsetzen, in den Backofen schieben.

▶ 45 Min. ausquellen lassen.

Nach 45 Min.: Reis aus dem Ofen nehmen, ohne Deckel abkühlen lassen.

1 Von den Orangen 3 (normale) mit scharfem Messer bis ins Fruchtfleisch schälen (Saft dabei auffangen). Die Filets zwischen den Trennhäuten herauslösen.

3 unbehandelte Orangen: Die äußere Schale hauchdünn abschälen, in feine Streifen schneiden. Orangen auspressen.

Kleiner Topf: Schalenstreifen mit Saft (auch dem aufgefangenen) und 4 leicht gehäuften EL Himbeergelee mit 2 EL Cointreau 10 Min. sprudelnd kochen.

2 EL Pistazien fein reiben. 2 Eier trennen. Eiweiße steif schlagen, 2 EL Zucker einrieseln lassen (dabei kräftig weiterschlagen).

2 Pistazien mit dem Schneebesen unterheben.

1 EL Butter mit 2 EL Zucker und 2 Eigelb schaumig rühren. Unter den auf Handwärme abgekühlten Reis mischen.

▶ Backofen auf 180° schalten.

Auflaufform buttern, mit 1 EL Zucker ausstreuen. Die Hälfte vom Reis einfüllen, darüber die Hälfte des Orangensirups, mit allen Orangenfilets belegen. Nun kommt die Hälfte des Pistazienschnees drüber. Wieder Reis, Orangensauce und schließlich der Rest des Pistazienschnees.

▶ Im Ofen (mittlere Schiene) 30-35 Min. backen (Umluft: 150°, 30 Min.).

Anrichten

Heiß in der Form servieren. Vielleicht noch mit Puderzucker bestäuben oder mit kandierten grünen Früchten dekorieren.

Ideen

- Statt 3 Orangen: 1 Pomelo. Die Schale dieser dicken, gelbgrünen Riesen-Zitrusfrüchte ist immer unbehandelt (trotzdem erst heiß abwaschen). Sie lassen sich allerdings nicht so elegant filetieren wie Orangen: Die einzelnen Schnitze müssen aus der harten, bitteren Haut gepult werden. Da sie kaum Saft hergeben, nehmen Sie für den Sirup Orangen- oder Grapefruitsaft.
- Unter den Sirup können Sie auch ein anderes Gelee rühren: Brombeergelee färbt die Sauce dunkel, Quittengelee hell.
- Die Fruchtkerne von 2 Maracujas zum Schluß unter den Sirup gelöffelt, gibt ihm einen interessanten Geschmack.
- Den Eischnee mit 1–2 EL grünem Kiwilikör oder Pisang Ambon (exotischem Frucht-Kräuterlikör) grün färben.

Suchen & Finden

Vorspeisen und kleine Hauptgerichte

Komplette Hauptgerichte

Hauptgerichte mit Fisch

Fleischloses Hauptgericht

Üppige Beilage

Süße Hauptgerichte

Desserts

CIP-Titelaufnahme der Deutschen Bibliothek

Hess, Reinhardt:
Gratins: Aufläufe d. feinen Art – top in Form / Reinhardt Hess. – 1. Aufl. – München: Gräfe u. Unzer, 1988
(GU-Ideen)
ISBN 3-7742-2225-8

1. Auflage 1988

Das IDEEN-Team
Reinhardt Hess: Konzeption & Redaktion;
Birgit Rademacker & Felicitas Holdau (Ass.): Redaktion & Herstellung;
Manfred Manke: Gestaltung;
Margarete Janssen & Manfred Manke: Fotos;
Helmut Giersberg: Produktion;
Oestreicher & Wagner GmbH: Reproduktion;
Gloor Satz Repro GmbH: Satz;
Appl, Wemding: Druck;
Conzella: Bindung

ISBN 3-7742-2225-8

IDEEN im Team

Mit hilfreichen Händen zur Seite wird selbst ein aufwendiges Menü zum Kinderspiel. Warum nicht gleich mit Freunden kochen? Schon bei der Planung kann jeder seine IDEEN beisteuern.

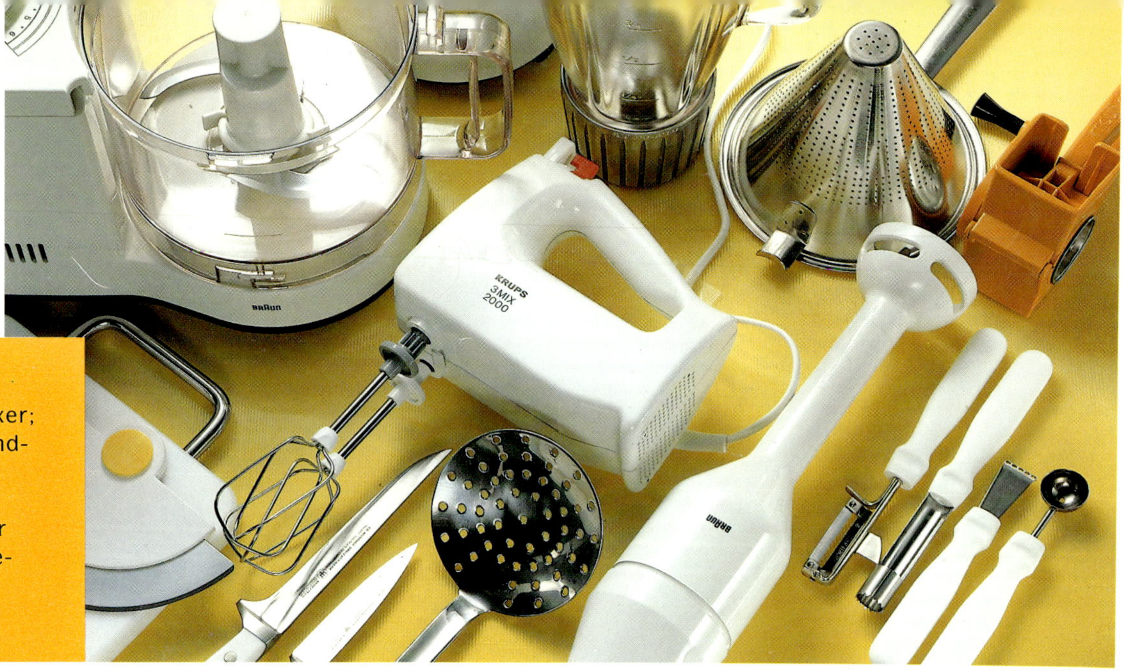

Besondere Geräte

Oben, von links: Blitzhacker; Mixer; Spitzsieb; Handreibe. Mitte: Handrührer; Pürierstab; Sparschäler; Apfelausstecher; Schalenreißer (Juliennereißer); Kartoffelbohrer (Kugelausstecher). Unten: Wiegemesser; Filetiermesser; Küchenmesser; Schaumlöffel.

Schritt für Schritt kochen

Sie merken rasch, daß wir ans Kochen im Team gedacht haben: Alle Arbeitsschritte sind so gegliedert, daß mehrere gleichzeitig in Angriff genommen werden können. Und wo es schwierig wird, helfen Ihnen die »Gewußt-wie«-Fotos weiter. Oder die wissenswerten Kleinigkeiten, die Sie hier finden.

Töpfe – groß & klein

Oben, von links: großer Topf (5 l); mittlerer Topf (3,5 l); große Bratpfanne (mit Deckel). Unten: Bräter (für den Backofen); kleiner Topf (1 ½ l); kleine und große Kasserolle.

»Timing« mit Teamgeist

Denken Sie daran, daß die Zeiten, die wir für die Zubereitung veranschlagt haben, keine hundertprozentigen Angaben sein können. Der eine ist schneller, der andere langsamer beim Gemüseschnipseln oder beim Geflügelzerlegen. Auch unerwartete Telefonanrufe lassen sich nicht berücksichtigen. Also besser mehr Zeit einplanen. Auch mit mehreren tüchtigen Helfern kann die dabei eingesparte Arbeitszeit durch den Spaß, den man beim gemeinsamen Vorbereiten hat, wieder aufgehoben werden. Stellen Sie auf jeden Fall ein eisernes Gebot auf: »Genascht wird nicht!« Abschmecken ist erst zum Schluß erlaubt, und da auch nur in homöopathischen Dosen.

Das wichtige Rezept

Béchamelsauce: Helle Grundsauce, für viele IDEEN geeignet. Der Trick, wie's keine Klümpchen gibt: Für ½ l Sauce 2 leicht gehäufte EL Butter in mittlerer Kasserolle zerlaufen lassen. 2 leicht gehäufte EL Mehl darüberstreuen und rühren, bis die Masse Blasen wirft.

Kasserolle von der Herdplatte nehmen und 3–4 Min. abkühlen lassen. Jetzt ½ l Flüssigkeit (kalte Milch, Brühe, vielleicht mit Sahne gemischt) aufgießen. Zurück auf die Herdplatte (mittlere Hitze) stellen.

Rühren muß man jetzt kräftig, am besten mit dem Schneebesen, dann wird die Sauce schön glatt. Mit Salz, Pfeffer und einem Hauch Muskat würzen.

5 Min. köcheln, damit das Mehl ausquellen kann. Falls Ihre Béchamel doch mal Klümpchen hat: einfach durch ein Sieb gießen.